Mein erster Besuch in Neuengland und andere

(aus Literarische Freunde und Bekannte)

William Dean Howells

Writat

Diese Ausgabe erschien im Jahr 2024

ISBN: 9789359944678

Herausgegeben von
Writat
E-Mail: info@writat.com

Inhalt

BIBLIOGRAPHISCH

Lange bevor ich mit den Aufsätzen begann, die diesen Band ausmachen, hatte ich vorgehabt, über die Literaturgeschichte Neuenglands zu schreiben, wie ich sie aus den Lebensläufen ihrer großen Vorbilder während der 25 Jahre, die ich in ihrer Nähe lebte, kennengelernt hatte. Tatsächlich hatte ich dies von dem Zeitpunkt an vorgehabt, als ich zu ihnen kam; aber ich ließ die Tage, in denen ich sie fast ständig sah, ohne Aufzeichnungen verstreichen, außer denen, die ich in einem Gedächtnis mit mir trug, das zwar über das Gewöhnliche hinausreichte, aber nicht so vollständig war, wie ich es mir gewünscht hätte, als ich begann, es für meine Arbeit heranzuziehen. Dennoch reagierte es auf beharrliche Bitten in ausreichender Fülle; und obwohl ich mir jetzt wünschte, ich hätte mich an mehr Beispiele erinnern können, glaube ich, dass meine Eindrücke genau genug waren. Ich bin sicher, dass ich in den zehn oder mehr Jahren, in denen ich unsystematisch versuchte, sie mit dem Leser zu teilen, ehrlich versucht habe, sie mitzuteilen.

Die Aufsätze wurden ziemlich genau in der Reihenfolge geschrieben, in der sie hier stehen, beginnend mit „Mein erster Besuch in Neuengland", das aus den frühen neunziger Jahren des 20. Jahrhunderts stammt, wenn ich mich an meine Erinnerung trauen darf, als ich es dem Herausgeber von Harper's Magazine aus dem Manuskript vorlas, wo wir an einem schönen Sommermorgen in den ersten Jahren dieses Jahrzehnts unter den Magnolienweiden lagen. Es wurde nicht lange danach in dieser Zeitschrift abgedruckt; aber ich brauchte so lange, um die Studie über Lowell fertigzustellen, dass sie in Harper's durch andere Erinnerungen an ihn vorweggenommen worden war, und deshalb wurde sie zuerst in Scribner's Magazine abgedruckt. Es war der Aufsatz, mit dem ich mir die meiste Mühe gegeben habe, und als er fertig war , kam er mir immer noch so unvollständig vor, dass ich ihn seinem engsten und meinem besten Freund, dem verstorbenen Charles Eliot Norton, zur Kritik vorlegte. Er fand, es mangele ihm an Einheit; es sei eine Gruppe von Studien statt einer einzigen Studie, sagte er; ich müsse etwas tun, um die verschiedenen Skizzen in einem einzigen Porträteffekt zusammenzufassen; und das tat ich nach besten Kräften.

Es war der zuletzt geschriebene der drei Artikel, die dem Band Substanz verleihen, und er stellt noch besser und umfassender als die anderen mein Gefühl für die literarische Bedeutung der Männer dar, derengleichen wir nie wieder sehen werden. Longfellow war bei weitem der größte Dichter der drei, Holmes oft der brillanteste und gelungenste, aber Lowell war trotz seiner Streifzüge in die Politik der beste Gelehrte und der tiefgründigste Literat, da er die anderen in Bezug auf Qualität am tiefsten und gründlichsten in Neuengland übertraf.

Während ich diese Skizzen, mal kürzer, mal weniger kurz, von all den Dichtern, Essayisten und Romanautoren anfertigte, die ich in Cambridge, Boston, Concord und New York kennengelernt hatte, beschäftigte ich mich mit vielen anderen Dingen: einem halben Dutzend Romanen, ebenso vielen Novellen und Kurzgeschichten, mit Essays, Kritiken und Gedichten; so dass ich im Januar 1900 noch nicht mit der Abhandlung über Lowell fertig war , die zusammen mit einer anderen meine Erinnerungen an das amerikanische Literaturleben, wie ich es erlebt hatte, vervollständigen sollte. Als sie schließlich alle fertig waren, wurden sie in einem Band neu veröffentlicht, der sofort Anklang fand, der mir, wenn nicht gar nicht gebührte.

Der Name war ziemlich problematisch, aber „Literarische Freunde und Bekannte" war ein Versuch, eine gewisse Genauigkeit zu erreichen, mit dem ich zufrieden war, bis ich, viel zu spät, an „Literarische Freunde und Nachbarn" dachte. Dann wurde mir klar, dass dieser noch genauer und ebenso bescheiden gewesen wäre, und ich gebe jedem Leser, der möchte, gern die Erlaubnis, das Buch so zu nennen.

Seit ich die Sammlung erstellt habe, habe ich kaum etwas Ähnliches geschrieben, außer dem Aufsatz über Bret Harte, der kurz nach seinem Tod erstmals gedruckt wurde, und der Studie über Mark Twain, die ich seit über vierzig Jahren vorbereitet hatte und die ich im Frühjahr 1910 in zwei Wochen schrieb. Andere aus meiner Zeit und meinem Ort sind inzwischen dahin gegangen, wo es weder Zeit noch Ort gibt, und es gibt Momente, in denen ich das Gefühl habe, ich müsse versuchen, sie zurückzurufen und ihnen die Ehre zu erweisen, die mein Gefühl für ihren Wert mir gibt; aber der Impuls hat sich bisher nicht durchgesetzt, und ich weiß nicht, wie lange ich mir den höchsten Lustschmerz, das „ höchste " ersparen kann. angenehmer Schmerz ", des Versuchs, hier mit denen zu leben, die hier nicht mehr leben.

WDH

MEIN ERSTER BESUCH IN NEUENGLAND

Wenn es auf der Welt jemanden gegeben hätte, der sich mehr der Literatur verschrieben hätte als ich im Jahr 1860, ich bin sicher, ich hätte nicht gewusst, wo ich ihn finden könnte, und ich bezweifle, dass er näher an den Zentren literarischer Aktivität gewesen wäre als ich damals oder unter denen, die sich noch mehr der Literatur verschrieben hatten als ich. Ich hatte drei Jahre lang Nachrichtenartikel, Buchbesprechungen und Leitartikel für eine Tageszeitung in einer Stadt im Landesinneren geschrieben, und ich glaube nicht, dass sich mein Leben äußerlich von dem eines anderen jungen Journalisten unterschied, der wie ich in einer ländlichen Druckerei angefangen hatte und von dem man annehmen konnte, dass er auf einen beruflichen oder politischen Aufstieg hoffte. Aber innerlich war es bei mir ganz anders. Innerlich war ich ein Dichter und hatte keinen Wunsch, etwas anderes zu sein, es sei denn, ich könnte mich in einem Moment sorglosen Wohlstands so weit vergessen, dass ich Romanautor wurde. Ich war zusammen mit meinem Freund JJ Piatt Mitautor eines kleinen Bandes mit sehr unbekannten Versen, und Mr. Lowell hatte kürzlich das Angebot angenommen und begonnen, fünf oder sechs Gedichte von mir im Atlantic Monthly abzudrucken. Außerdem hatte ich Gedichte, Skizzen und Kritiken für die Saturday Press von New York geschrieben, einen längst vergessenen, aber einst sehr lebendigen Ausdruck literarischer Absichten in einer ausgestorbenen Bohème dieser Stadt; und ich schrieb ständig Gedichte, Skizzen und Kritiken für unsere eigene Zeitung. Diese und meine Leistungen in den renommierten Zeitschriften des Ostens stießen in meiner eigenen Stadt auf Sympathie, wenn nicht gar auf Ehre, was mich ernsthafte Zweifel hätte aufkommen lassen müssen, ob ich ein wahrer Prophet war. Aber es verstärkte nur meinen literarischen Ehrgeiz, der bereits so stark war, dass in meinen Adern eher Tinte als Blut hätte fließen können, und ließ mich eine höhere Meinung von meinen Mitbürgern haben, wenn so etwas überhaupt möglich war. Sie waren in der Tat sehr charmante Leute, und die meisten von ihnen, die ich sah, waren Leser und Bücherliebhaber. Die Gesellschaft im damaligen Columbus war von einer angenehmen Verfeinerung geprägt, die ich im liebevollen Rückblick, wie ich glaube, nicht übertreibe. Sie besaß eine Endgültigkeit, die sie seit dem Krieg nirgendwo mehr gehabt zu haben scheint; sie hatte gewisse feste Ideale, die nichtsdestotrotz anmutig und schicklich waren, denn es waren die einfachen alten amerikanischen Ideale, die heute verschwunden sind oder schnell verschwinden, angesichts der Erkenntnis von Gut und Böse, wie sie in Europa herrscht und wie sie sich auf amerikanische Reisen und Aufenthalte ausgewirkt hat. In der Hauptstadt von Ohio herrschte eine Mischung vieler Strömungen, wie im ganzen Staat. Virginia, Kentucky, Pennsylvania, New York und Neuengland prägten gemeinsam die Sitten und Gebräuche. Ich nehme an, es war der Süden, der den gesellschaftlichen Ton vorgab; der intellektuelle Geschmack der Älteren war der südliche Geschmack für das Klassische und das Standardmäßige in der Literatur; aber wir Jüngeren zogen die modernen Autoren vor: wir lasen Thackeray, George Eliot, Hawthorne, Charles Reade, De Quincey, Tennyson, Browning, Emerson und Longfellow, und ich – ich las Heine, und immer wieder Heine, wenn es von den anderen nichts Neues gab. Ab und zu drang ein aktuelles französisches Buch zu uns: wir lasen Michelet und About, ich erinnere mich. Wir suchten unsere literarischen Meinungen vor allem in England und im Osten; wir nahmen die Saturday Review als Gesetz an, wenn wir sie nicht ganz als Evangelium annehmen konnten. Einer von uns nahm das Cornhill Magazine, weil Thackeray der Herausgeber war; das Atlantic Monthly hatte viele Leser unter uns; und einer jungen Dame aus Neuengland, die zu Besuch kam und beim Anblick der Zeitschrift in einem unserer Häuser schrie: „Wieso, haben Sie das Atlantic Monthly hier draußen?", konnte man mit kalter Überlegenheit antworten: „Es gibt mehrere Mitarbeiter des Atlantic in Columbus." Eigentlich waren es zwei: mein Zimmergenosse, der Browning dafür schrieb, während ich Heine und Longfellow schrieb. Aber ich denke, zwei sind genauso viele wie zwanzig.

II.

Das war die Blütezeit der Vorlesungen, und ab und zu schwamm ein literarisches Licht aus dem Osten in unseren Himmel. Ich hörte und sah Emerson, und einmal traf ich Bayard Taylor in geselliger Runde in dem gastfreundlichen Haus, in dem er nach seiner Vorlesung zu Gast war. Der Himmel weiß, wie ich den Abend überstanden habe. Ich glaube nicht, dass ich den Mund öffnete, um ein Wort mit ihm zu sprechen; ich konnte nur dasitzen und ihn anschauen, während er in aller Ruhe rauchte, mit unserem Gastgeber plauderte und das Bier trank, das wir im Nest sehr gut tranken. Die ganze Zeit über erwies ich ihm als erstem Autor meine Ehrerbietung, indem ich den anrief, den ich getroffen hatte. Ich sehnte mich danach, ihm zu sagen, wie sehr mir seine Gedichte gefielen, die wir damals auswendig lernten, und ich sehnte mich (wie viel mehr sehnte ich mich danach!), dass er wusste:

"Auch ich war in Arkadien geboren ,"

dass ich Gedichte im Atlantic Monthly und in der Saturday Press abgedruckt hatte und der potentielle Autor von Werken war, die alles bisher Dagewesene in den Schatten stellen sollten. Aber ich konnte es ihm nicht sagen, und es kam auch sonst niemand auf die Idee, es ihm zu sagen. Vielleicht war es auch gut so; ich wäre sonst an seiner Anerkennung gescheitert, denn meine Bescheidenheit war so groß wie mein Verdienst.

Tatsächlich glaube ich, dass wir alle ziemlich bescheidene junge Burschen waren. Wir, die wir die Gruppe bildeten, verbrachten jeden Abend einen Teil in diesem Haus, wo es immer Musik, Whist oder fröhliche Gespräche oder alles drei gab. Wir hatten unsere Meinungen zu literarischen Themen, aber (vielleicht weil wir sie, wie ich bereits sagte, größtenteils aus England oder Neuengland übernommen hatten) waren wir nicht eitel darauf; und wir hätten sie auf keinen Fall vor einem lebenden Literaten wie ihm vertreten. Ich glaube, keiner von uns wagte zu sprechen, außer dem Dichter, meinem Zimmergenossen, der sagte: „Er glaubte, dass dies und das das Original von dem und dem war"; und dem wurde sofort gesagt: „Er hatte kein Recht, so etwas zu sagen." Natürlich gingen wir ziemlich kritisch gegenüber dem Gast unseres Gastgebers weg, den ich später als das freundlichste Herz der Welt kennenlernte. Aber wir hatten in seiner Gegenwart nicht geglänzt, und das ärgerte uns; und wir wollten lieber glauben, dass er in unserer nicht geglänzt hatte.

Drittes Kapitel

Damals nahm er einen großen Raum in den Gedanken der jungen Leute ein , die sich für Literatur interessierten. Er hatte sich einen guten Ruf als angenehmer und intelligenter Reisender erworben und trug noch immer den Heiligenschein seiner frühen Abenteuer in fremden Ländern, als diese noch wirklich fremd waren. Er hatte seine einst so willkommenen und heute so vergessenen Romane über das amerikanische Leben noch nicht geschrieben; es dauerte sehr lange, bis er jene unvergleichliche Faust-Übersetzung fertig hatte, die immer die schönste und beste bleiben muss und die seinen Namen neben dem Goethes am Leben erhalten würde, wenn er nichts anderes Erinnernswertes geleistet hätte. Aber was ihn damals am meisten der Hochachtung von uns jungen Leuten mit den leuchtenden Augen einbrachte (die heute traurig auf die Siebziger zusteuern), waren die Gedichte, die er von Zeit zu Zeit in Zeitschriften abdruckte: in der ersten Putnam's (wo es ein schneidiges Bild von ihm in einem arabischen Burnus und einem Turban gab), in Harper's und im Atlantic. Es waren oft sehr schöne Gedichte, dachte ich, und ich denke immer noch so; und es war zu Recht seins, obwohl es die unvermeidliche Treue zur Art der großen Meister der Zeit bekundete. Es wurde uns durch die ergreifende Romantik seiner frühen Liebe zu dem jungen Mädchen, das er fast in ihrer Todesstunde heiratete, beehrt, die einige seiner süßesten und traurigsten Nummern gestanden hatten; und wir, die wir hofften, dass uns das Herz gebrochen würde, oder dies bereits der Fall war, wären froh gewesen, wenn in dem beliebten Vortragsredner, den wir nach seiner Stunde auf der Bühne erfrischt hatten, etwas mehr von dem offensichtlichen Dichter zu sehen gewesen wäre.

Er blieb fast ein Jahr lang der einzige Autor, den ich gesehen hatte, und ich traf ihn noch einmal, bevor ich einen anderen sah. Unser zweites Treffen fand weit weg von Columbus statt, im entlegenen Quebec, als ich auf dem Weg nach Neuengland über Niagara und die kanadischen Flüsse und Städte war. Ich machte in Toronto Halt und fand mich im Ausland wieder, ohne irgendwelche besonderen Abenteuer zu erleben; aber in Montreal passierte mir etwas sehr Schönes. Ich kam am Abend eines ersten Tages einsamer Besichtigungstour ins Hotelbüro und suchte vergeblich im Register nach dem Namen eines Bekannten; als ich mich abwandte, umarmten mich zwei elegant gekleidete junge Burschen, und ich hörte einen von ihnen zu meiner großen Überraschung und Freude sagen: „Hallo, hier ist Howells!"

jemanden gesucht, den ich kenne. Ich hoffe, Sie sind jemand, der mich kennt!"

„Nur durch Ihre Beiträge zur Saturday Press", sagte der junge Mann, und mit diesen goldenen Worten – der ersten persönlichen Anerkennung meiner Autorenschaft, die ich je von einem Fremden erhalten hatte, und der reichen Belohnung für all meine literarischen Bemühungen – stellte er sich und seinen Freund vor. Ich weiß nicht, was aus diesem Freund geworden ist oder wo oder wie er sich umgebracht hat; aber wir beiden waren von diesem Moment an unzertrennlich. Er war ein junger Anwalt aus New York, und als ich vier oder fünf Jahre später aus Italien zurückkam, sah ich sein Schild in der Wall Street, mit der nie in Erfüllung gegangenen Absicht, ihn zu besuchen. In welcher Welt er sich auch immer jetzt aufhalten mag, ich möchte ihm meine Grüße senden und ihm gestehen, dass meine Kunst mir seitdem nie eine so süße Belohnung eingebracht hat und nichts auch nur ein Tausendstel so sehr dem Ruhm ähnelte wie sein Aufschrei über die Hotelliste in Montreal. Wir waren vier oder fünf reiche Tage lang Kameraden und teilten unsere Freuden und Ausgaben bei der Besichtigung der Monumente dieser alten kanadischen Hauptstädte, die wir, glaube ich, in ihrer ganzen malerischen Bedeutung zu schätzen wussten. Wir machten Witze, um unsere Gefühle zu verbergen; wir kicherten und kicherten, auf die richtige Art; wir verliebten uns in all die hübschen Gesichter und Kleider, die wir sahen, und entliebten uns wieder; und wir sprachen immer wieder über Literatur und Literaten. Er kannte die eine besser und war leidenschaftlicher für die andere, aber er konnte mir von Pfaffs Lagerbierkeller am Broadway erzählen, wo sich die Jungs von der Saturday Press und die anderen Bohemiens trafen; und das war für den Moment genug: Ich beschloss, ihn zu besuchen, sobald ich in New York ankam, trotz des Tabaks und des Biers (die, wie man mir sagte, de rigueur waren), obwohl beides, soweit ich es kannte, dazu neigte, mich krank zu machen.

Ich war sehr verzweifelt, nachdem ich mich von diesem guten Kerl verabschiedet hatte, der auf seinem Weg nach New York nach Montreal zurückkehrte, während ich in Quebec blieb, um später meinen Weg nach Neuengland fortzusetzen. Als ich ihn in einer Kalesche zum Boot begleitete, entdeckte ich Bayard Taylor im Lesesaal, wo er in etwas müden Gedanken versunken dasaß. Er kannte mich nicht und bemerkte mich nicht einmal, obwohl ich mehrere Besorgungen im und außerhalb des Lesesaals machte, in der vergeblichen Hoffnung, dass er dies tun könnte: doppelt vergeblich, denn ich bin mir jetzt bewusst, dass ich immer noch vom Stolz dieser schönen Erfahrung in Montreal erfüllt war und auf eine Wiederholung von etwas Ähnlichem vertraute. Als sich schließlich keine Gelegenheit bot, mir zu helfen, nahm ich meinen Mut zusammen, ging zu ihm und nannte mich und sagte, ich hätte einmal das Vergnügen gehabt, ihn bei Doctor ——— in Columbus zu treffen. Der Dichter zeigte kein Anzeichen von Bewusstsein beim Klang eines Namens, von dem ich liebevoll zu glauben begonnen hatte, dass er vielleicht doch nicht so unbekannt sei. Er blickte mit unfreundlichem Blick auf und fragte: „Ah , wie ging es dem Doktor?" und nachdem ich ihm ein positives Bild vom Doktor gemacht hatte, endete unser Gespräch.

Er war wahrscheinlich so müde, wie er aussah, und er muss mich zu den vielen Menschen im ganzen Land gezählt haben, die die Freude geteilt hatten, die ich laut eigener Aussage über die Begegnung mit ihm geäußert hatte. Es war sicherlich meine Schuld, dass ich meinen Namen nicht laut genug ausgesprochen hatte, um erkannt zu werden, wenn ich ihn überhaupt ausgesprochen hatte. Aber der Mut, den ich aufgebracht hatte, reichte dafür nicht ganz aus. In späteren Jahren versicherte er mir, zuerst per Brief und dann mündlich, dass er über einen Vorfall trauerte, an den ich mich heute nur noch als den unglücklichen Beginn einer herzlichen Freundschaft erinnern kann. Damals hatte ich als Rezensent und Herausgeber oft das Privileg, meine Wertschätzung für die schönen Dinge zu bezeugen, die er in so vielen Bereichen der Literatur tat, aber ich mochte nie eines davon mehr als ihn. Er hatte eine glühende Hingabe an seine Kunst und war immer bereit, die großartigsten Dinge darin zu tun, mit einer Erwartung an eine Wirkung, die ihn nie enttäuschte. Die Dinge, die er tatsächlich tat, waren nicht minderwertig oder mangelhaft an Qualität, und einige von ihnen haben einen bleibenden Charme, den jeder spüren kann, der sich seinen Gedichten zuwendet. aber zweifellos blieben viele von ihnen hinter seinen Erwartungen beim Leser zurück. Es war schön, ihn zu treffen, wenn er voll von einem neuen Plan war; er sprach mit aufrichtiger Freude darüber und versuchte, Sie es in denselben Farben und Proportionen sehen zu lassen, die es in seinen Augen hatte. Er scheute keine Mühe, um es so perfekt zu machen, wie er es sich erträumte, und er ließ sich durch keine Enttäuschung bei Kritikern oder beim Publikum entmutigen.

Er arbeitete unermüdlich, und schließlich versagte seine Gesundheit bei der Arbeit am Zeitungstisch unter dem nächtlichen Gas, obwohl er sich von solchen Arbeiten eigentlich schon lange hätte ausruhen sollen. Ich glaube, er war gezwungen, sie durch einen jener geschäftlichen Zufälle zu verrichten, die unser aller Leben entstellen und verbittern; aber er war nicht der Mann, der sich in jedem Fall schonte. Er probierte immer neue Dinge aus, und er hörte nie auf, sich zu bemühen, sein Stipendium für den Mangel an früheren Gelegenheiten und Ausbildungen wiedergutzumachen. Ich erinnere mich, dass ich ihn einmal in einer Straße in Cambridge mit einem Buch in der Hand traf, das er mir in die meine gab. Es war ein griechischer Autor, und er sagte, er habe mit fünfzig gerade angefangen, die Sprache zu lesen: ein patriarchalisches Alter für mich, Anfang dreißig!

Ich glaube, ich habe meine Überraschung darüber angedeutet, dass er es so spät am Tag aufgriff, denn er sagte mit bezaubernder Ernsthaftigkeit: „Oh, aber wissen Sie, ich beabsichtige, es in der anderen Welt zu verwenden." Ja, das machte es lohnenswert , stimmte ich zu; aber war er sich der anderen Welt sicher? „So sicher wie ich mir dessen bin", sagte er; und ich habe immer den Eindruck des jungen Glaubens behalten, der in seiner Stimme sprach und mehr war als seine Worte.

Ich sah ihn zum letzten Mal in der Stunde des furchtbaren Abschieds, der ihm in New York gesagt wurde, bevor er ablegte, um Pfarrer nach Deutschland zu werden. Es war eine der liebenswürdigsten Taten von Präsident Hayes, der sich wie keiner unserer Präsidenten nach Lincoln durch seine Ernennungen die Ehre der Literatur erwies, Bayard Taylor diesen Platz zu geben. Es gab niemanden, der dafür besser geeignet war, und es war besonders passend, dass er vor einem Volk so ausgezeichnet wurde, das seine Gelehrsamkeit und seine Verdienste um die deutsche Literatur kannte und schätzte. Er war dabei anscheinend so glücklich, wie ein Mann hier unten nur sein kann, und er genoss bis zum letzten Tropfen die vielen Becher der Güte, die ihm zum Abschied an die Lippen gedrückt wurden; obwohl ich glaube, dass diese Abschiede, zu einer Zeit, als er schon von Arbeit und Aufregung erschöpft war, ihm sichtlich schadeten und sein Ende beschleunigten. Einige von uns, die uns durch Freundschaft nahestanden, gingen hinunter, um ihn zu verabschieden, als er ablegte, wie es die trübe und vergebliche Gewohnheit von Freunden ist; und ich erinnere mich an den netten, großartigen Kerl, der in der Kabine stand, inmitten der traurigen Blumen, die die Tische überhäuften, sich von einem nach dem anderen verabschiedete und alle liebevoll und müde anlächelte. Natürlich gab es Champagner und eine widerwärtige Heiterkeit, ohne Sinn und ohne Unterlass, bis uns die Alarmglocke an Land jagte und unser tapferer Dichter mit dem, was von seinem Leben übrig war, davonkam.

IV

Ich bin ihm seit unserer ersten Begegnung weit gefolgt; aber selbst auf meinem Weg, jene Koryphäen Neuenglands zu verehren, die meine Aufmerksamkeit am meisten auf sich zogen, konnte ich einem Autor nicht weniger Ehre erweisen, der, wenn auch nicht Curtis, damals der Anführer der New Yorker Autorengruppe war. Ich unterschied zwischen den Neuenglandern und den New Yorkern, und ich nehme an, es besteht kein Zweifel daran, dass unser literarisches Zentrum damals in Boston war, wo immer es heute ist oder nicht. Aber ich dachte damals, und ich denke auch heute, dass Taylor einer der Ersten in unserer gesamten amerikanischen Provinz der Literaturrepublik war, in einer Zeit, als sie in einem erkennbar blühenden Zustand war, ob wir nun Quantität oder Qualität der Namen betrachten, die ihr Glanz verliehen . Lowell beherrschte damals jene vielfältigen Kräfte perfekt, die ihn lange, wenn nicht für immer, als den Ersten unter unseren Literaten in Erinnerung behalten werden, und als Meister in mehr Gattungen als jeder andere Amerikaner. Longfellow war auf dem Höhepunkt seines weltweiten Ruhms und in der Reife des wunderbaren Genies, das keinen Verfall kennen sollte, solange das Leben währte. Emerson war aus der Dunkelheit des Volkes hervorgetreten, die ihn so lange für einen hoffnungslosen Mystiker gehalten hatte, und erstrahlte als leuchtender Stern der Poesie und Prophezeiung im Zenit. Hawthorne, der exquisite Künstler, der unvergleichliche Träumer, mit dem wir immer noch diesen und jenen vergleichen, wenn dieser oder jener verspricht, uns viel zu gefallen, und dennoch ohne Rivalen, ohne Gefährten davongeht, war kürzlich von seinem langen Auslandsaufenthalt zurückgekehrt und hatte uns den letzten der unvergleichlichen Romane geschenkt, die die Welt in perfekter Form aus seiner Hand erhalten sollte. Doktor Holmes hatte alle Erwartungen derjenigen übertroffen, die seinen brillanten Humor und seine bezaubernde Poesie am meisten bewunderten, indem er eine neue Haltung, wenn nicht eine neue Art der Literatur erfand. Die Wendung, die die städtischen Angelegenheiten genommen hatten, war günstig für die breiteste Anerkennung von Whittiers großartiger lyrischer Begabung; und dieses feurige Herz, doppelt gebunden durch die Quäkertradition und das puritanische Umfeld, durchdrang mit seinen feurigen Impulsen jede großzügige Brust und vereinte alle Willen in seinem edlen Ziel. Mrs. Stowe, die als Autorin des berühmtesten Romans aller Zeiten weitaus berühmter war als alle anderen, bewies durch die Romane, die sie noch immer schrieb, dass dies kein Zufall oder Wunder war.

Diese große Gruppe aus Neuengland ließe sich vielleicht ohne Qualitätsverlust durch die Aufnahme Thoreaus erweitern, der seiner Zeit etwas voraus war und dessen drastische Kritik an unserer auf Zweckmäßigkeit und hauptsächlich Vergeblichkeit ausgerichteten Zivilisation heute auf mehr Verständnis stoßen würde als damals, als sich alle Ablehnung ihrer Mängel auf Feindschaft gegenüber der Sklaverei im Süden konzentrierte. Auch Dr. Edward Everett Hale gehörte zu dieser Gruppe, und zwar aufgrund seines einfallsreichsten und phantastischsten, vernünftigsten, süßesten und wahrhaftigsten Humors, der im Atlantic Monthly seinen

Ausdruck fand; und dort hatte ein wunderbares junges Mädchen eine Reihe lebhafter Skizzen geschrieben und die Herzen der Jugend überall mit Erstaunen und Freude erobert, so dass ich dachte, es wäre kein geringeres Ereignis, Harriet Prescott zu treffen, als irgendeine der anderen Personen, die ich genannt habe.

Ich erwartete, sie alle irgendwie zu treffen, und ich stellte sie mir alle leicht erreichbar in der Redaktion des Atlantic Monthly vor, das sich vor kurzem in die feine Luft der hohen Literatur gewagt hatte, wo so viele andere Zeitschriften vor ihm nach Luft geschnappt und gestorben waren. Das beste davon, das bis dahin beste und aus irgendeinem Grund sogar besser als das Atlantic, das bedauernswerte Putnam's Magazine, war in New York an Erschöpfung zugrunde gegangen, und der Anspruch der Handelshauptstadt auf die literarische Vorherrschaft war mit diesem brillanten Unterfangen erloschen. New York hatte nichts Besonderes für die amerikanische Literatur vorzuweisen außer dem heruntergekommenen und vernarrtem Knickerbocker Magazine. Harper's New Monthly, obwohl Curtis bereits nach dem Untergang von Putnam's dazu gekommen war, und es hatte schon lange aufgehört, inhaltlich eklektisch zu sein, und hatte begonnen, für einheimische Arbeit in den verwandten Künsten zu stehen, die es seitdem so großartig gefördert hat, war nicht besonders literarisch, und das Weekly hatte gerade erst begonnen, sich bekannt zu machen. The Century, Scribner's, The Cosmopolitan, McClure's und ich weiß nicht, was noch alles, waren fünf, zehn und zwanzig Jahre lang noch nicht vorstellbar, und die Galaxy sollte aufblitzen und verblassen, bevor einer von ihnen sein wirksameres Feuer entzünden konnte. The Nation, die dazu bestimmt war, unsere junge Literatur eher zu züchtigen als zu fördern, hatte noch sechs Jahre traumloser Möglichkeiten vor sich; und die Nation war von Natur aus immer mehr Bostoner als New Yorker , was auch immer ihre Herkunft sein mochte.

Philadelphia hatte auf literarischem Gebiet lange Zeit nichts gezählt. Graham's Magazine zeigte einst eine gewisse kritische Kraft, aber es schien, als ob dieser Ausdruck der Vitalität verloren ging; und es blieben Godey's Lady's Book und Peterson's Magazine, Veröffentlichungen, deren Fadelosigkeit wirklich unglaublich war. Im Süden gab es nichts als ein falsches soziales Ideal, bei dem alle moralischen Prinzipien zur Verteidigung der Sklaverei auf den Kopf gestellt wurden; und im Westen gab es die schwache und törichte Vorstellung, dass westliches Talent durch östliche Eifersucht unterdrückt würde. Vor allem in Boston, wenn nicht nur dort, gab es ein lebhaftes intellektuelles Leben unter den Autoren, die ich genannt habe. Jeder junge Schriftsteller war ehrgeizig, seinen Namen neben den ihren im Atlantic Monthly und in den Listen von Ticknor & Fields zu finden, die Literaturverleger in einem Sinne waren, wie ihn die Geschäftswelt vorher oder nachher nirgendwo sonst gekannt hat. Ihr Impressum war für den Leser ein Garant für Qualität und für den Autor ein Garant für Unsterblichkeit. Hätte ich damals ein Buch von ihnen herausgegeben, würde ich mich heute eines unvergänglichen Ruhms erfreuen.

V.

So war die literarische Situation, als der leidenschaftliche Pilger aus dem Westen sein heiliges Land in Boston über die Grand Trunk Railway von Quebec nach Portland erreichte. Ich kann mich nicht an einen Schlafwagen erinnern, und ich nehme an, dass ich während der ganzen langen, stürmischen Reise wach war und wachte; aber ich hätte kaum geschlafen, wenn es einen Wagen für diesen Zweck gegeben hätte. Ich war zu begierig darauf, zu sehen, wie Neuengland ist, und zu besorgt, nicht den geringsten Blick darauf zu verlieren, als dass ich meine Augen schließen konnte, nachdem ich die Grenze bei Island Pond überquert hatte. Ich fand, dass die mit Ulmen übersäten Ebenen von Maine dem Western Reserve in Nordohio sehr ähnlich waren, das in der Tat ein Teil Neuenglands ist, der mit all seinen charakteristischen Merkmalen übertragen und entlang des Seeufers abgeflacht wurde. Erst als ich begann, nach Süden in die älteren Regionen des Landes zu laufen, verlor es dieses Aussehen und wurde mir angenehm fremd. Es hatte nie den Effekt uralten Alters, den ich von einem Land erwartet hatte, das seit mehr als zwei Jahrhunderten besiedelt ist; mit seinen aus Holz gebauten Bauernhöfen und Dörfern sah es neuer aus als die kohlegeräucherten Ziegel im Süden Ohios. Ich hatte mir die Landschaft Neuenglands ohne Wälder vorgestellt, hier und da unterbrochen von Obstgärten oder Plantagen, aber ich fand anscheinend genauso viel Wald wie zu Hause.

In Portland sah ich zum ersten Mal das Meer, und das war eine Art Enttäuschung. Gezeiten und Salzwasser hatte ich bereits in Quebec erlebt, sodass ich nicht mehr darauf achtete; aber die Farbe und die Weite des Meeres musste ich noch vor meinem geistigen Auge erproben. Als ich mit dem netten jungen unitarischen Pfarrer, dem ich einen Brief mitgebracht hatte, auf der Promenade in Portland stand und der mich dorthin führte, um einen höchst eindrucksvollen ersten Blick auf das Meer zu werfen, konnte ich mir davon nicht mehr einbilden als vom Eriesee; und ich habe nie gedacht, dass die Farbe des Meeres mit dem zarten Blau des Sees vergleichbar wäre. Ich ließ meinem Freund meine Enttäuschung nicht durchblicken; ich hatte zu viel Rücksicht auf die Gefühle eines Ostasiaten, um ihm sein Meer ins Gesicht zu sagen, und außerdem hatte ich das Gefühl, dass es vulgär und provinziell wäre, Vergleiche anzustellen. Ich bin jetzt froh, dass ich den Mund gehalten habe, denn diese freundliche Seele ist nicht mehr auf dieser Welt, und ich möchte nicht glauben, dass er wusste, wie weit das Meer, auf das er so stolz war, hinter meinen Erwartungen zurückgeblieben war. Ich ging mit ihm in einen nahegelegenen Turm oder Aussichtspunkt, und als er zum östlichen Horizont zeigte und sagte: „ Jetzt liegt nichts als das Meer zwischen uns und Afrika", tat ich so, als ob ich bei dem Gedanken schwinde, und begann, mir die Gefühle zu vergegenwärtigen, die ich bei einem solchen Anblick hätte empfinden müssen. Aber in meinem Herzen war ich leer, und der Himmel weiß, ob ich den Dampfer gesehen habe, den der alte Seemann, der den Turm befehligte, mich durch sein Teleskop anschauen ließ. Ich konnte durch ein Teleskop, das die tückische Angewohnheit hat, durch den Raum zu huschen und nichts von geringerer als planetarischer Größe zu erfassen, nie etwas anderes als einen glasartigen Glanz sehen.

Aber es gab etwas, das mich in Portland weit mehr anging als Meere oder Kontinente, und das war das Haus, in dem Longfellow geboren wurde. Ich glaube heute, dass ich nicht das richtige Haus gefunden habe, sondern nur das Haus, in dem er später lebte; aber es diente, und ich freute mich mit einer Begeisterung darüber, die nicht echter hätte sein können, wenn es der wahre Geburtsort des Dichters gewesen wäre. Ich ließ mir von meinem Freund das Haus zeigen, in dem Longfellow geboren wurde.

„——die luftige Kuppel der Haine,
Die Schatten von Deerings Wäldern,"

weil sie in einem von Longfellows schönsten und zärtlichsten Gedichten vorkamen; und ich machte einen Botengang zum Hafen, um der

„— schwarze Kais und Slipanlagen,
und die stürmischen Wogen des Meeres, und spanische Seeleute mit bärtigen Lippen, und die Schönheit und das Mysterium der Schiffe, und die Magie des Meeres",

hauptsächlich aus dem Grund, dass es sich um Farben und Formen der liebevollen Vision der Vergangenheit des Dichters handelte. Ich bin mir nicht sicher, ob ich zu dieser Zeit oder zu einer späteren Zeit dazu kam,

„- die toten Kapitäne, wie sie in ihren Gräbern
liegen und auf die ruhige Bucht blicken , in der sie
im Kampf starben",

aber ich bin ganz sicher, dass ich jetzt unterging

„— die Bäume, die jede bekannte Straße
beschatten, während sie auf und ab balancieren"

denn als ich das nächste Mal in Portland war, hatte das große Feuer die Straßen der Stadt von den meisten dieser schönen Ulmen befreit, an deren gotische Bögen und Maßwerke ich mich noch gut erinnere.

Tatsächlich strotzte ich damals vor den romantischsten Erwartungen an das Leben in jeder Hinsicht und betrachtete die ganze Welt als Material, das man in Literatur verwandeln oder irgendwie damit in Verbindung bringen könnte. Ich weiß nicht, wie ich es schaffte, diese absurden Hoffnungen in mir zu behalten, aber vielleicht half mir dabei der Trick, sie zu satirisieren, den ich früh gelernt hatte. Ich war in diesem besonderen Moment vor allem entschlossen, die Dinge so zu sehen, wie Heinrich Heine sie sah, oder sie zumindest so wiederzugeben, wie er sie sah, ganz gleich, wie ich sie sah; und ich machte mich daran, zu diesem Zweck Sätze zu formulieren und zu versuchen, die interessanten Objekte mit ihnen in Verbindung zu bringen, wann immer die geringste Chance bestand, sie zusammenzubringen.

VI.

Ich weiß nicht, wie ich nach Boston kam, und ob es war, bevor oder nachdem ich ein oder zwei Tage in Salem verbracht hatte. Da Salem auf dem Weg von Portland liegt, nehme ich an, dass ich dort zuerst Halt machte und die malerische Altstadt (die damals malerischer war als heute, aber immer noch malerisch genug) nach den Denkmälern von Hawthorne und den Hexen durchsuchte, die sich zu dem Salem zusammenschlossen, das mir so am Herzen lag. Ich suchte das Haus mit den sieben Giebeln auf und war zutiefst enttäuscht, dass es nicht viel mehr davon gab; aber das Todesurteil von Bridget Bishop mit dem darauf befindlichen Vollstreckungsbescheid des Sheriffs, das ich im Gerichtsgebäude fand, war nichts wert; wenn überhaupt, überstieg das Pathos dieses Zeugen einer der grausamsten Wahnvorstellungen der Welt meine Bedürfnisse; ich hätte mit weniger auskommen können. Ich sah die Nadeln, die die Hexen geschworen hatten, in die betroffenen Kinder gestoßen zu haben, und ich sah den Galgenberg, wo die glücklosen Opfer des Meineids gehängt wurden. Aber dieses Todesurteil blieb die lebendigste Farbe meiner Erfahrung der Tragödie; ich hatte nicht das Bedürfnis, mir selbst ein Gefühl dafür zu geben, und es ist immer noch wie ein roter Fleck in meiner Erinnerung.

Der freundliche alte Schiffskapitän, bei dem ich zu Gast war und der in meinem Sinne durch die Tatsache, dass er früher an die afrikanische Küste reiste, um Palmöl zu holen, zu einer poetischen Person wurde, führte mich durch die ganze Stadt und zeigte mir das Zollhaus, das ich sehen wollte, weil es im Vorwort zum Scharlachroten Buchstaben erwähnt wurde. Aber ich merkte, dass er meine Begeisterung für den Autor nicht teilte, und mir wurde immer bewusster, dass in der Luft von Salem eine kühle Unterströmung von Gefühlen um ihn herum lag. Zweifellos war der Ort nicht ganz dankbar für die Berühmtheit, die ihm seine Romanze beschert hatte, und hätte die ungestörte Ruhe seiner eigenen schmeichelhaften Gedanken über sich selbst mehr geschätzt; aber als er hörte, wie eine junge Dame sagte, sie kenne ein Mädchen, das Hawthorne gern vergiften würde, schien es dem frommen jungen Pilger aus dem Westen, dass etwas mehr Liebe für den großen Romanautor nicht zu viel für ihn gewesen wäre. Hawthorne hatte jedoch bereits zu Wort gekommen und war seiner Heimatstadt nicht mit großer Zärtlichkeit begegnet. Tatsächlich sind die Vorteile, die sich für jeden Ort ergeben, wenn ein großes Genie in seiner Mitte geboren und aufgewachsen ist, so zweifelhaft, dass es für Orte, die die Geburtsorte bedeutender Autoren werden wollen, gut wäre, zweimal darüber nachzudenken. Vielleicht sollten nur die größten Hauptstädte wie London und Paris sowie New York und Chicago es wagen. Aber die Autoren haben eine unerklärliche Perversität und werden selten in den großen Städten zur Welt kommen, die allein ohne das Gefühl der Nachbarschaft und die persönliche Empfänglichkeit sind, die der Ausübung der literarischen Kunst so ungünstig ist. Ich wage zu behaupten, dass es der örtlichen Gleichgültigkeit gegenüber ihrem größten Namen oder ihrer Abneigung gegenüber diesem zu verdanken ist, dass ich in anderer Hinsicht einen klareren Eindruck von Salem bekam, als ich ihn gehabt hätte, wenn ich dorthin eingeladen worden wäre, um mich ausschließlich den Verbindungen von Hawthorne zu widmen. Zum ersten Mal sah ich eine alte Stadt in Neuengland, ich weiß nicht, aber die charakteristischste, und nahm in mein junges westliches Bewusstsein die Tatsache einer komplexeren Zivilisation auf, als ich sie bisher gekannt hatte. Ich hatte mein ganzes Leben in einer Gegend verbracht, in der die Menschen gerade erst anfingen, Ahnen zu züchten, und die Vorstellung von Familie sehr unvollkommen war. Die Literatur war natürlich voll davon, und es war nicht die Aufgabe eines Anhängers Thackerays, ihre Erscheinungsformen theoretisch zu kennen; aber ich hatte bisher leichtfertig angenommen, dass Familie in Amerika nirgends ernst genommen wurde, außer in Virginia, wo sie für den Rest der Nation ein Witz war. Aber jetzt sah ich mich ihr in ihren alten Häusern gegenüber und hörte ihre Namen mit einer gewissen Bedacht ausgesprochen, die, wie ich zu behaupten wage, in Salem ebenso angebracht war wie anderswo. Die Namen waren alle fremd und mir gleichgültig, aber diese schönen, quadratischen Holzhäuser mit geschmackvoller Architektur und blasser, lederfarbener Farbe, die sich in stiller Zurückhaltung von der ruhigen Straße zurückzogen, vermittelten mir einen Eindruck von Familie als einer Wirklichkeit und Kraft, den ich nie zuvor gehabt hatte, den aber kein Westler den Osten verstehen kann, ohne ihn zu berücksichtigen. Ich glaube nicht, dass ich Familie damals als eine Tatsache von lebenswichtiger Bedeutung auffasste; Ich glaube, ich betrachtete es eher als eine Farbe, die in jeder ästhetischen Studie der örtlichen Gegebenheiten verwendet werden sollte. Ich bin mir nicht sicher, ob ich es sogar für literarische Zwecke mehr schätzte als den Kirchturm, den der Kapitän als das Erste und Letzte bezeichnete, was er sah, wenn er auf seinen langen Reisen ankam und ging, oder als die großen Palmölfässer, die er mir zeigte und die ich mit dem Baum in Verbindung brachte, der dort stand

"Auf brennender Felsenwand ."

Ob es sich dabei um die Palmenart handelte, die das Öl liefert, oder ob es sich um eine Sorte handelte, die nur als Traum einer einsamen Tanne auf einer kalten Höhe im Norden geeignet war, darüber bin ich mir bis heute nicht im Klaren.

Ich hörte nicht ohne Sorge, dass die benachbarte Industrie von Lynn nach Salem vordrang und dass der alte Treffpunkt der Hexen und der Geburtsort unseres subtilsten und düstersten Zauberers zu einer großen Schuhstadt wurde; aber meine Sorge galt weniger ihren Erinnerungen und Empfindsamkeiten als einer abscheulichen Pflicht, die ich dieser Industrie zusammen mit allen anderen in Neuengland schuldete. Bevor ich von zu Hause wegging , hatte ich meinem ersten Verleger versprochen, dass ich die Herausgabe oder Zusammenstellung eines Werks über die Funktionsweise der markantesten mechanischen Erfindungen unseres Landes übernehmen oder etwas Literarisches daran machen würde; er hatte vor, es im Abonnement zu veröffentlichen. Er hatte mir, dem unmechanischsten Menschen , einen Brief mitgegeben, der allgemein an die großen Mühlen und Fabriken des Ostens gerichtet war und deren Leiter bat, mir ihre Geheimnisse für die Zwecke dieses Bandes zu offenbaren. Sein Brief bewirkte, dass einige von ihnen wie Muscheln eingesperrt wurden, und andere wurden durch ihn vor meinen Forschungen auf der Hut, aus Angst, ich könnte das Geheimnis ihrer besonderen Erfindungen in Erfahrung bringen und es der Welt mitteilen. Ich konnte den Managern nicht sagen, dass ich dazu sowohl moralisch als auch geistig nicht in der Lage war; dass sie mir die Eigenschaften und Funktionen ihrer undurchsichtigsten Maschinen hätten erklären und demonstrieren können, und dass ich bei einer späteren Untersuchung unschuldig genug gewesen wäre, mehr als ein paar Verse von Heine oder Tennyson oder Longfellow im Kopf zu haben. So musste ich an mehreren Stellen unter ihren ungerechtfertigten Ängsten und unter meiner eigenen Ermüdung ihrer genialen Maschinen leiden oder die Gewissensbisse ertragen, die ich hatte, weil ich sie ignorierte. Solange ich in Kanada war , war ich glücklich, denn ich sah keine Industrie in Kanada, außer den Bauernmädchen in ihren Evangeline-Hüten und -Kirzen, die das Heu auf den Feldern am Wegrand umherwarfen; aber als ich Portland erreichte, begannen meine Probleme. Ich ging mit dem jungen Pfarrer, von dem ich gesprochen habe, zu einer großen Gießerei, wo sie eine Art Eisenwaren gossen, und besichtigte den Vorgang aus der Ferne, ohne dass man zufällige Spritzer des geschmolzenen Metalls sehen konnte, und verließ sie mit der traurigen Unsicherheit, ob ich dieses ziemlich schöne Schauspiel zu irgendeinem praktischen Zweck nutzen würde. Eine Fabrik, in der sie etwas mit Kohleöl machten (das ich jetzt zum ersten Mal Kerosin nannte), lehnte sich für mich ab, und ich sagte mir, dass wahrscheinlich alle anderen Industrien in Portland ebenso reserviert waren und ich nicht versuchen würde, sie zu erkunden; aber als ich nach Salem kam, regte sich mein

Gewissen wieder. Wenn ich wusste, dass es in Salem Schuhgeschäfte gab, sollte ich dann nicht hingehen und ihre Prozesse inspizieren? Dies war eine Frage, die sich nicht zu meiner Zufriedenheit beantworten ließ, und ich hatte keine Ruhe, bis ich erfuhr, dass ich mir die Schuhherstellung in Lynn viel besser ansehen konnte und dass Lynn so kurz von Boston entfernt war, dass ich leicht dorthin laufen konnte, wenn ich nicht sofort die Schuhmaschinen untersuchen wollte. Ich habe mir vorgenommen, von Boston aus hochzulaufen, aber um das zu tun, muss ich zuerst nach Boston fahren.

VII.

Ich gehe immer noch davon aus, dass ich Salem gesehen habe, bevor ich Boston sah, aber wie dem auch sei, ich bin sicher, dass ich entschied, dass es besser wäre, die Schuhmacherei in Lynn zu sehen, wo ich sie dreißig Jahre später tatsächlich sah. Für den Zweck des gegenwärtigen Besuchs begnügte ich mich damit, eine Maschine in Haverhill anzuschauen, die eine Schuhsohle voller Stifte zerkaute und sie aus ihren eisernen Kiefern fallen ließ, mit einer ebenso großen Gleichgültigkeit wie ich selbst und wahrscheinlich ebenso wenig Sinn dafür, wie sie ihre Arbeit getan hatte. Ich mag dieser Maschine gegenüber ungerecht sein; weiß Gott, ich würde ihr kein Unrecht tun; und ich muss gestehen, dass in meinem Kopf kein Platz für die Vorstellung irgendeiner anderen Maschinerie war als der mythologischen, die ich ebenfalls verachtete, in meiner Abneigung von den Dichtern des 18. Jahrhunderts zu denen meiner eigenen Zeit.

Nach so vielen Jahren kann ich nicht mehr genau sagen, wie oder wann ich nach Haverhill kam, oder ob es vor oder nach meinem Aufenthalt in Salem war. Meine Anwesenheit in der dunklen Vergangenheit an diesem oder jenem Punkt hat etwas Geisterhaftes an sich; aber ich hoffe, dass Geister, um ihrer Ordnung willen, nicht oft von so trivialen Dingen fasziniert sind wie ich. In Haverhill zum Beispiel war ich sehr fasziniert vom Anblick eines jungen Mannes, der fröhlich die Stufen des Hotels herunterkam, in dem ich wohnte, in Hosen mit so viel schmalerem Bund als meine eigenen, dass ich im Vergleich dazu wie bloße Springerhosen aussah; und in einer Zeit, in der jeder , der etwas auf sich hielt, eine Krawatte trug, die so schmal war, wie er nur sein konnte, hatte dieser junge Mann eine, die nicht breiter als ein Schnürsenkel war, und noch dazu rot, während meine fast einen Zoll maß und schwarz war. Er gehörte zweifellos zu einer Gruppe schwarzer Minnesänger, die an diesem Abend ein Konzert geben sollten, und er hatte ein Licht, das in Sachen Mode hervorstach.

Der Einfachheit halber nehme ich an, dass ich auch Haverhill besucht habe, bevor ich nach Boston kam: Irgendwie muss diese Schuhmacherei ja ihren Ursprung haben, und sie könnte genauso gut hier ihren Ursprung haben. Als ich mich dann tatsächlich in Boston befand, gab es vielleicht Branchen, die ich hätte feiern sollen, aber entweder tat ich so, als gäbe es keine, oder ich vergaß sie ganz und gar. In beiden Fällen gab ich mich ganz den literarischen und historischen Verbindungen des Ortes hin. Ich muss nicht sagen, dass ich mich zuerst den ersteren hingab, und es überraschte mich ziemlich, dass die literarischen Verbindungen Bostons sich so stark auf Cambridge bezogen. Ich wusste nicht viel über Cambridge, außer dass es der Sitz der Universität war, an der Lowell und Longfellow Professor waren; und irgendwie war mir nicht bewusst gewesen, dass es die Heimat dieser Dichter war. Das war ziemlich dumm von mir, aber es ist am besten, die Wahrheit zuzugeben, und später lernte ich den Ort so gut kennen, dass ich meine frühere Unwissenheit getrost eingestehen kann.

Ich hatte in Boston im Tremont House Halt gemacht, das damals noch eines der ersten Gasthäuser des Landes war, und musste mich dort nach dem Weg nach Cambridge erkundigen. Als ich die Pferdebahn nach Cambridge fand, war ich jedoch skeptisch , was die Richtung anging, in die sie fuhr, und ich ließ den Fahrer wissen, dass ich mir Sorgen darüber machte, warum er nach Osten fahren sollte, wenn man mir doch gesagt hatte, dass Cambridge westlich von Boston liegt. Er beruhigte mich in seiner lakonischen und sarkastischen Art, und wir erreichten Cambridge tatsächlich auf derselben Route, die er genommen hatte.

Die schönen Ulmen, die einen großen Teil des Weges beschatteten, drängten sich in den „Wäldern der Akademiker" am Platz und boten einen schönen Blick auf die „roten Gelehrtenfabriken des alten Harvard", die damals weit weniger waren als heute. Es mussten Ferien gewesen sein, denn ich traf niemanden, als ich durch den Collegehof wanderte und mir zu überlegen versuchte, wie ich herausfinden sollte, wo Lowell wohnte; denn er war es, den ich suchen wollte. Er hatte nicht nur die Gedichte genommen, die ich ihm schickte, sondern er hatte zwei davon in einer einzigen Ausgabe des Atlantic abgedruckt und mir sogar eine kleine Notiz darüber geschrieben, die ich neben meinem Herzen in meiner Brusttasche trug, bis sie fast abgenutzt war; und so dachte ich, ich könnte mich bei ihm melden. Aber ich war immer hilflos, wenn es darum ging, meinen Weg zu finden, und ich war immer noch deprimiert, weil ich den Kutscher der Pferdekutsche nicht davon überzeugen konnte, dass er die falsche Straße genommen hatte. Ich ließ mehrere Leute vorbeifahren, ohne sie zu befragen, und diejenigen, die ich fragte, beschämten mich noch mehr, weil sie nicht wussten, was ich wissen wollte. Als ich meine Suche für den Moment aufgegeben hatte, sprach mich ein alter Mann mit offenem Mund und forschendem Blick, den ich später in Cambridge nie wieder ausgemacht hatte, mit dem gastfreundlichen Angebot an, mir die Washington-Ulme zu zeigen. Ich dachte, dies würde mir Zeit geben, mich für das Treffen mit dem Herausgeber des Atlantic zu rüsten, falls ich ihn jemals finden sollte, und ich ging mit diesem freundlichen alten

Mann, der mir, als er mir den Baum und die Stelle gezeigt hatte, an der Washington stand, als er das Kommando über die kontinentalen Streitkräfte übernahm, sagte, er habe einen Ast davon und wenn ich mit ihm zu seinem Haus käme, würde er mir ein Stück davon geben. Letztendlich wollte ich ihm nur schmeicheln, damit er mir sagte, wo ich Lowell finden könnte, aber ich verbarg meine Absicht und gab vor, ein Stück der historischen Ulme zu wollen, und der alte Mann führte mich nicht nur zu seinem Haus, sondern auch zu seinem Holzhaus, wo er mir einen Block absägte, der so dick war, dass ich ihn nicht in meine Tasche stecken konnte. Ich täuschte die Dankbarkeit vor, die er, wie ich sehen konnte, erwartete, und dann fasste ich den Mut, ihm meine Frage zu stellen. Vielleicht lebte dieser Patriarch nur in der Vergangenheit und interessierte sich für Geschichte und nicht für Literatur. Er gestand, dass er mir nicht sagen konnte, wo ich Lowell finden könnte; aber er ließ mich nicht im Stich; er machte sich mit mir wieder auf den Weg auf die Straße und ließ niemanden passieren, ohne ihn zu fragen. Schließlich trafen wir jemanden, der sagen konnte, wo Mr. Lowell war, und ich fand ihn schließlich in einem kleinen Arbeitszimmer an der Rückseite eines hübschen, altmodischen Hauses in der Nähe des Deltas.

Lowell war damals noch nicht auf dem Höhepunkt seines Ruhms; diesen hatte er erst dreißig Jahre später erreicht, als er starb; aber ich bezweifle, dass er jemals nach größerer Macht in seinem eigenen Land strebte oder das literarische Streben, das sich nicht von der Liebe zur Freiheit und der Hoffnung auf Gerechtigkeit trennen wollte und konnte, besser verkörperte. Um dieser Ziele willen war er bereit gewesen, den Vorwurf zu ertragen, der seinen Freunden in den frühen Tagen des Kampfes gegen die Sklaverei folgte: Er hatte den Vorwurf schon lange überlebt; aber die Angst vor seiner Stärke blieb bei denen, die sie gespürt hatten, und er hatte sich wahrscheinlich nicht allgemeiner bei der „Fabel für Kritiker“ beliebt gemacht als bei den „Biglow Papers“. Aber mit der „Vision von Sir Launfal“ und der „Legende der Bretagne“ hatte er eine Sympathie, wenn nicht sogar ein weitaus größeres Publikum gewonnen, als es sein Humor und sein Witz ihm eingebracht hatten; und in seinen Vorlesungen über die englischen Dichter, die er wenige Jahre vor seiner Übernahme des Atlantiks hielt, hatte er sich mit Abstand als der weiseste und beste Kritiker unserer Sprache erwiesen. Er war schon damals, mehr als jeder andere amerikanische Dichter,

„Ausgestattet mit dem Hass des Hasses, der Verachtung der Verachtung, der Liebe der Liebe“,

und er hatte einen Platz in der Öffentlichkeit, den kein anderer Autor unter uns innehatte. Ich selbst war nie ein großer Leser seiner Gedichte gewesen, als ich ihn traf, obwohl ich als zehnjähriger Junge gehört hatte, wie mein Vater Passagen aus den Biglow Papers gegen Krieg und Sklaverei und den Krieg für die Sklaverei in Mexiko wiederholte, und später hatte ich diese

Kritiken der englischen Poesie gelesen, und ich wusste, dass Sir Launfal in gewisser Weise Lowell sein musste; aber meine Liebe zu ihm als Dichter konzentrierte sich hauptsächlich auf meine Liebe zu seinem zarten Reim „Auf Wiedersehen", den ich noch immer nicht lesen kann , ohne etwas von dem jugendlichen Pathos zu verspüren, das er zuerst in mir weckte. Ich kannte und fühlte seine Größe irgendwie auch ohne die literarischen Beweise dafür; er beherrschte meine Fantasie und hielt meine Loyalität als Charakter, als Mann; und ich bedauere es weder, noch schäme ich mich, dass ich beschämt war, als ich zum ersten Mal in seine Gegenwart kam; und dass ich trotz seiner Willkommensworte innerlich zitternd vor ihm saß. Er war damals einundvierzig Jahre alt und neunzehn Jahre älter als ich, und wenn es nichts anderes gegeben hätte, das mich in Ehrfurcht versetzt hätte, hätte mich der Altersunterschied wahrscheinlich niedergeschmettert. Aber ich war immer bereit und sogar begierig, Männern zu huldigen, die etwas geleistet haben, und insbesondere Männern, die etwas in der Art geleistet haben, in der ich selbst etwas leisten wollte. Ich konnte nie eine andere Art von Überlegenheit anerkennen; aber diese anzuerkennen, ist meine Stolz; und ich empfand vor Lowell ähnliche Gefühle wie ein unbekannter Untergebener vor seinem General. Er war von Natur aus ein wenig disziplinarisch, und das wirkte sich auf ihn ebenso aus wie auf mich; ich vermute, er ließ mich jeden Unterschied genauso hilflos spüren, wie ich ihn empfand. Bei der ersten Begegnung mit Menschen neigte er immer zu einer gewissen frostigen Schüchternheit, einer lächelnden Kälte, wie von den langen, sonnenreichen Wintern seiner puritanischen Rasse; er war nicht ganz er selbst, bis er Sie auf seine Qualität aufmerksam gemacht hatte: dann konnte niemand süßer, zärtlicher, herzlicher sein als er; dann befreite er Sie von seinem ganzen Herzen; aber Sie mussten sein Gefangener sein, bevor er das tun konnte. Seine ganze Persönlichkeit hatte jetzt einen sofortigen Charme für mich; ich konnte meine Augen nicht von seinen wunderschönen Augen abwenden, die eine gewisse sternenklare Heiterkeit hatten und so rein unter seiner weißen Stirn hervorblickten, die von kastanienbraunem, vom Alter unberührtem Haar beschattet wurde; oder von dem Lächeln, das den kastanienbraunen Bart formte und dem Gesicht in seiner Form und Farbe den Christus-Look verlieh, den Pages Porträt darin schmeichelt.

Seine Stimme faszinierte mich ebenso wie sein Gesicht. Die lebendige Zartheit und die klare Klarheit der Töne, die perfekte Modulation, die klare Aussprache, der exquisite Akzent, die erlesene Diktion – ich wusste damals nicht genug, um zu wissen, dass dies die Gaben, die Anmut eines Mannes waren, aus dessen Zunge unser raues Englisch eine Musik kam, wie ich sie von keinem anderen hören würde. In dieser Sprache war nichts von unserer schlampigen amerikanischen Schlampigkeit, sondern ein wahrhaft italienisches Gewissen und ein künstlerischer Sinn für die Schönheit des Instruments.

Bevor er sich mir gegenüber an seinen Schreibtisch setzte, sah ich, dass er nicht weit von mittlerer Größe entfernt war; aber seine aufrechte Haltung brachte seine 1,52 Meter am besten zur Geltung. Er hatte seine geliebte Pfeife geraucht und steckte sie gleich wieder in den Mund, als fände er sich damit wohler, als er zu plaudern begann, oder vielmehr, um mir zu zeigen, was für ein junger Mann ich war, indem er mir das erste Wort gab. Ich erzählte ihm von den Schwierigkeiten, die ich hatte, ihn zu finden, und ich konnte nicht umhin, etwas über Heines Suche nach Börne einzuflechten, als er ihn in Frankfurt besuchte; aber ich spürte sofort, dass dies ein Fehlstart war, denn Lowell war ein so leidenschaftlicher Liebhaber von Cambridge, das im italienischen Sinne wirklich seine Heimat war, dass es ihn verletzt haben musste, dort von niemandem unbekannt zu sein; er sagte ein wenig trocken, er hätte nicht gedacht, dass ich so viele Schwierigkeiten haben würde; aber er fügte versöhnlich hinzu, dass dies nicht sein eigenes Haus sei, das er für die Zeit nicht bewohne. Dann sprach er mit mir über Heine, und als ich ihm meine Begeisterung zeigte, versuchte er, sie durch einige wohlüberlegte Kritiken zu mäßigen, und erzählte mir, dass er das erste Gedicht, das ich ihm schickte, so lange aufbewahrt hatte, bis es unbestätigt war, um sicherzugehen, dass es sich nicht um eine Übersetzung handelte. Er fragte mich nach mir selbst, nach meinem Namen und seiner walisischen Herkunft und schien meine Eitelkeit dabei harmlos genug zu finden. Als ich sagte, ich hätte mich sehr bemüht zu glauben, dass ich zumindest der literarische Nachfahre von Sir James Howels sei, korrigierte er mich sanft mit „James Howel" und holte einen Band der „Vertrauten Briefe" aus dem Regal hinter sich, um mir das Gegenteil zu beweisen. Das war schon immer seine Gewohnheit, denn ich fand später heraus, dass er, wenn er etwas aus einem Buch zitierte , es gern nahm und die Passage noch einmal las, als ob er eine Art gehortete Süße in den Worten schmeckte. Es ärgerte ihn sichtlich, wenn sie ihm auch nur den geringsten Irrtum zeigten; aber

„Die Liebe, die er zum Lernen empfand, war schuld"

für diese Schwäche und die andere, Leute zu korrigieren, wenn er sie für falsch hielt. Ich konnte mich nicht gegen seine Version von Howels' Namen behaupten, denn meine Ausgabe seiner Briefe war weit weg in Ohio, und ich musste zugeben, dass der Name darin auf mehrere verschiedene Arten geschrieben wurde. Er verstand zweifellos, warum ich die Form gewählt hatte, die meiner eigenen ähnelte, mit dem Titel, den der nette alte Überläufer nach den vielen Herren, denen er diente, nach ihren vielen Ansichten hätte haben sollen, aber nie hatte, außer in dieser irrenden Ausgabe. Er beklagte mich jedoch nicht deswegen; wahrscheinlich amüsierte es ihn zu sehr; er fragte mich nach dem Westen, und als er feststellte, dass ich auf den Westen ebenso stolz war wie auf Wales, schien er noch zufriedener und sagte, er habe sich immer vorgestellt, dass die menschliche Natur dort in einem etwas größeren Maßstab angelegt sei als im Osten, aber er habe sehr wenig vom Westen gesehen. In meinem Herzen dachte ich das damals nicht, und ich denke es auch jetzt nicht; die menschliche Natur hatte im Westen mehr Boden, über den sie sich ausbreiten konnte; das ist alles; aber „es war nicht meine Aufgabe, mit meinem Herrscher zu streiten." Er sagte, er höre gern von den Unterschieden zwischen den verschiedenen Sektionen, denn was wir in unserem Land am meisten zu fürchten hätten, sei eine ermüdende Gleichförmigkeit der Typen.

Er erwähnte weder jetzt noch sonst während der vielen Jahre, die ich ihn kannte, die Geringschätzung des Westens, die ich so oft von den Menschen aus dem Osten ertragen musste, sondern ließ mich ihn so sehr loben, wie ich wollte. Er fragte mich, welchen Weg ich nach Neuengland genommen hatte, und als ich es ihm erzählte und anfing, von der Schönheit und Ursprünglichkeit des französischen Kanadas zu schwärmen und meine Freude über Quebec auszuschütten, sagte er mit einem Lächeln, das jetzt all seinen Frost verloren hatte: „Ja, Quebec war ein Stück des siebzehnten Jahrhunderts; es war in vielerlei Hinsicht französischer als Frankreich, und seine Leute sprachen die Sprache Voltaires, mit dem Akzent von Voltaires Zeit."

Ich weiß nicht mehr, worüber er sonst noch sprach, obwohl ich mich einmal mit, wie ich glaubte, unauslöschlicher Deutlichkeit daran erinnerte. Ich habe damals nichts davon niedergeschrieben ; ich war zu sehr mit den Briefen beschäftigt, die ich für eine Zeitung in Cincinnati schrieb, und ich war streng darauf bedacht, alle persönlichen Dinge aus ihnen herauszuhalten. Das war sehr gut, aber jetzt wünschte ich, ich hätte zumindest so weit abgeschworen, einige der Dinge zu berichten, die Lowell sagte; denn die Zeitung druckte meine Briefe nicht, und es wäre vollkommen sicher und für den gegenwärtigen Zweck sehr nützlich gewesen. Aber vielleicht sagte er nichts sehr Denkwürdiges; um das zu tun, muss man etwas Positives in seinem Zuhörer haben; und ich war die bloße Antwort, das hohle Echo, dass die Jugend in ähnlichen Umständen sein muss. Ich hatte die ganze Zeit Angst, meinen Empfang zu überstrapazieren, und ich beeilte mich zu gehen, obwohl ich so gern geblieben wäre. Ich weiß nicht mehr, wohin ich gehen wollte oder warum er sich verpflichtet hatte, mir den Weg über das Grundstück zu zeigen, aber das war, was er tat; und als wir zu einem Zaun kamen, über den ich ungeschickt kletterte, legte er seine Hände auf die Oberseite und versuchte, ihn mit einem Satz zu erklimmen. Er versuchte es zweimal und lachte dann über seinen Misserfolg, aber nicht mit großer Freude, und er war nicht zufrieden, bis ihn ein dritter Versuch hinübergebracht hatte. Dann sagte er: „Das mache ich normalerweise beim ersten Mal", als wäre es eine häufige Gewohnheit bei ihm, während ich diskret schwieg und mich zumindest für diesen Moment älter fühlte als der Mann, der so viel vom Jungen in sich hatte. Er hatte tatsächlich bis zuletzt viel vom Jungen in sich, und er trennte sich widerstrebend und mitleiderregend von jeder Stunde seiner Jugend.

VIII.

Wir gingen über das, was Jarvis Field gewesen sein muss, zu dem, was North Avenue gewesen sein muss, und dort ließ er mich zurück. Doch bevor er mich gehen ließ , hielt er meine Hand, während er sagen konnte, dass er wünschte, ich würde mit ihm zu Abend essen; nur war er nicht in seinem eigenen Haus und wollte mich einladen, mit ihm im Parker House in Boston zu Abend zu essen, und mir später Bescheid geben, wann.

Ich nehme an, dass ich einen Teil der Zwischenzeit damit verbracht habe, mir die Wunder Bostons anzusehen und die historischen Szenen und Orte in und um Boston zu besuchen. Ich bin jedenfalls nach Charleston gefahren, habe das Bunker Hill Monument bestiegen und die Marinewerft erkundet, wo das uralte Kriegsschiff, dessen Bau zu Jacksons Zeiten begonnen wurde, sich damals in poetischer Stille unter seinem langen Schuppen ausstreckte, als ob das Scheitern der Mittel für seine Fertigstellung eine Art Zauber gewesen wäre. In Boston legte ich dem Verleger, auf den es ausgestellt war, frühzeitig meinen Kreditbrief vor, nicht weil ich im Moment Geld brauchte, sondern aus jugendlicher Begierde, um zu sehen, ob er honoriert würde; und ein Literaturattaché des Hauses begleitete mich freundlicherweise und zeigte mir das Leben in der Stadt. Sie schien mir damals eine großartige Stadt zu sein, ein brodelnder Strudel von Geschäften und ein Wirbel von Fröhlichkeit, wie ich es in der Washington Street und bei einem Promenadenkonzert in Copelands Restaurant in der Tremont Row sah. Wahrscheinlich habe ich eine idealisierende Kraft darauf ausgeübt, denn ich war der Welt nicht so fremd, wie ich erscheinen musste; vielleicht habe ich bei meinen Eindrücken von der Metropole Neuenglands Qualität ebenso berücksichtigt wie Quantität und sie im Verhältnis zu ihrer literarischen Bedeutung aufgewertet. Sie kam mir alt vor, sogar nach Quebec, und sehr wahrscheinlich habe ich in meiner sentimentalen Volkszählung der tatsächlichen Stadt alle toten und verschwundenen Bostoner zugeschrieben. Wenn ich das nicht tat, war es nicht die Schuld meines Cicerone, der von der Stadt, die er mir zeigte, noch mehr hielt als ich. Ich weiß jetzt nicht, wer er war, und ich habe ihn nie wieder gesehen, nachdem ich dorthin gezogen war, ohne mit Sicherheit zu wissen, dass er es war, obwohl mich oft der Anblick eines bebrillten Gesichts wie seines quälte, das ihm aber nicht ähnlich genug war, um mich zu rechtfertigen, ihn anzusprechen.

Er wurde Teil jenes gespenstischen Bostons meines ersten Besuchs, das manchmal zurückkehrte und die Stadt wieder in Besitz nahm, die ich in späteren Jahren so vertraut kennenlernte und für die ich mich so leidenschaftlich interessierte. Einige meiner ersten Eindrücke haben die fiktiven Erlebnisse der Menschen in meinen Büchern gefärbt, aber ich finde sehr wenig davon in meiner Erinnerung. Dies ist wie ein Netz aus ausgefranster alter Spitze, das ich aus Angst vor seiner Zerbrechlichkeit vorsichtig in meinen Händen halten muss, um die Gestalt, die einst so deutlich darin zu erkennen war, so gut ich kann. Da sind die engen Straßen, die sich von den Salzwerken bis zu den Docks erstrecken, die ich wegen ihrer Eigenartigkeit heimsuchte, und da ist Faunal Hall, das ich so viel lieber sehen wollte, weil Wendell Phillips darin gesprochen hatte, als weil Otis und Adams es getan hatten. Da ist das alte Colonial House, und da ist das State House, das ich, so wage ich zu behaupten, erkundet habe, mit dem davor abfallenden Common. Da ist die Beacon Street mit dem Hancock House, das unglaublicherweise nicht mehr existiert, und da sind die Anfänge der Commonwealth Avenue und der anderen Straßen der Back Bay, deren Keller in dem aufgeschütteten Land liegen, das die Schotterzüge noch aus den Hügeln im Westen herausbauten. Da ist der Public Garden, neu geplant und bepflanzt, aber ohne die massive Brücke, die dazu bestimmt ist, den See, der ihn verursacht hat, so undankbar klein erscheinen zu lassen. Aber es ist alles sehr vage, und ich könnte mir jetzt leicht vorstellen, dass es jemand anders war, der es damals an meiner Stelle gesehen hat.

Ich glaube, ich habe nicht versucht, Cambridge am selben Tag zu besuchen, an dem ich Lowell sah, sondern bin klugerweise in mein Hotel in Boston zurückgekehrt und habe versucht, mir die Tatsache bewusst zu machen. An einem anderen Tag ging ich mit einem Bekannten aus Ohio aus, den ich auf der Straße traf. Wir gingen zusammen nach Mount Auburn, und ich betrachtete seine Monumente mit einer Ehrfurcht, die ihre künstlerische Qualität, wie ich zu behaupten wage, nicht verdient hätte. Aber ich bereue das nicht, denn vielleicht sind sie nicht ganz so schlecht, wie manche Leute behaupten. Die gotische Kapelle des Friedhofs, so ungeordnet sie auch war, rief bei mir mit ihren sechs herumstehenden oder sitzenden Statuen eine Emotion hervor, wie ich sie heute, fürchte ich, nicht von der Akropolis, Westminster Abbey und Santa Crocea in einem bekommen könnte. Ich bemühte mich sehr, ein ästhetisches Gefühl dafür zu entwickeln, und tat so, als ob ich dachte, dieses und jenes an diesem Ort würde mich mit seiner Angemessenheit oder Schönheit bewegen; aber die Wahrheit ist, dass ich keinen Geschmack für irgendetwas anderes als Literatur hatte und nicht die Wirkung verspürte, die ich so gern erfahren hätte.

Ich liebte jedoch wirklich die elenartige Ruhe der lieben alten Straßen von Cambridge und hatte sofort Freude an den gelben Kolonialhäusern mit ihren weißen Ecken und Fensterflügeln und ihren grünen Jalousien, die hinter dem Gebüsch der Allee lauerten, die ich nach Mount Auburn durchquerte. Das schönste unter ihnen war für mich das interessanteste, denn es war das Haus von Longfellow; mein Begleiter, der es schon einmal gesehen hatte, zeigte es mir mit der Miene der Gewohnheit, und ich wollte ihn nicht merken lassen, dass ich den ersten Anblick so schätzte. Ich hatte gehofft, dass ich irgendwie die Ehre haben könnte, Longfellow selbst zu sehen, aber als ich diejenigen, die es wussten, nach ihm fragte, sagten sie: „Oh, er ist in Nahant", und ich dachte, dass Nahant weit weg sein musste, und jedenfalls fühlte ich mich nicht befugt, ihn dort aufzusuchen. Ich besuchte auch nicht den Autor von „The Amber Gods", der in Newburyport lebte, wie man mir sagte, als ob ich wüsste, wo Newburyport lag; Ich wusste es nicht und wollte nicht fragen. Außerdem schien es nicht so einfach wie in Ohio, eine junge Dame aufzusuchen, nur weil ich von ihrer Literatur fasziniert war; selbst als Gesandter aller verliebten jungen Leute von Columbus konnte ich das nicht ganz tun; und als ich nach Hause kam, musste ich so gut ich konnte für mein Versagen Rechenschaft ablegen. Ein weiteres Versagen von mir war der Anblick von Whittier, den ich damals unbedingt sehen wollte. Sie sagten: „Oh, Whittier lebt in Amesbury", aber das brachte ihn in eine unbestimmte Entfernung, und ohne die Vorstellung, um die ich nie bitten würde, war es mir unmöglich, mich auf die Suche nach ihm zu machen. Am Ende sah ich in Neuengland niemanden, dem ich nicht auf die übliche Weise vorgestellt worden war, außer Lowell, von dem ich dachte, dass ich aufgrund meiner Eigenschaft als Mitarbeiter und meiner Bekanntschaft per Brief das Recht hatte, ihn aufzusuchen. Ich lobe und tadele mich dafür nicht; es war eher meine Schüchternheit als mein Verdienst, die mich zurückhielt . Es ist wirklich nicht schlimm, die Nähe eines berühmten Mannes zu suchen, und ich bezweifle, dass der berühmte Mann es den Leuten übel nimmt, ihn ohne ein gewisses Maß an Affektiertheit anzusehen, ob groß oder klein. Es gibt überall Langweiler, aber er findet sie eher in den gewohnten Figuren der Gesellschaft als in den jungen oder alten Leuten, die aus Liebe zu dem, was er getan hat, zu ihm kommen. Ich weiß genau, wie wütend Tennyson manchmal seinen Verehrern begegnete und wie unverschämt Carlyle, aber ich denke, diese Tatsachen sind nur kleine Flecken in ihrer Aufrichtigkeit. Unsere eigenen sanfteren und ehrlicheren Berühmtheiten haben die Annäherung nicht verboten, und ich habe einige von ihnen erlebt, die Verehrer liebkosten, die ihrer Freundlichkeit kaum würdig schienen; aber das war besser, als einen sensiblen Geist zu verletzen, der sich zu weit gewagt hatte, nach den Regeln, die uns gegenüber gewöhnlichen Menschen regieren.

IX.

Meine Geschäftsbeziehungen bestanden mit dem Verlag, der meinen Kreditbrief so schnell einlöste. Dieser Verlag hatte im Osten die Wahlkampfbiografie von Lincoln veröffentlicht, die ich kürzlich geschrieben hatte, und ich wage zu behaupten, dass er auch den Gedichtband veröffentlicht hätte, den ich früher mit meinem Freund Piatt geschrieben hatte, wenn es dafür ein Publikum gegeben hätte; zumindest sah ich große

Mengen des Buches auf den Ladentischen. Aber alle meine literarischen Verbindungen bestanden mit Ticknor & Fields, und es war der Old Corner Book-Store in der Washington Street, der mein Herz eroberte, sobald ich meine Taschen in Cornhill wieder aufgefüllt hatte. Nachdem ich den Herausgeber des Atlantic Monthly überprüft hatte, wollte ich auch dessen Verleger überprüfen, und es traf sich ganz passend, dass Mr. Fields, als ich in sein kleines Zimmer im hinteren Teil des Ladens geführt wurde, dessen Fenster auf die School Street hinausging und das eine wissenschaftliche Sammlung von Büchern und Drucken beherbergte, gerade die Zeitschriftenseiten eines meiner Gedichte von der Druckerei in Cambridge bekommen hatte. Er war damals vor kurzem aus dem Ausland gekommen und hatte eine Vorliebe für amerikanische Dinge, die ein Auslandsaufenthalt in uns neu zu wecken pflegt, obwohl ich das damals nicht wusste und es nicht mit der Freundlichkeit erklären konnte, die er meinem Gedicht gegenüber zum Ausdruck brachte. Er stellte mich Mr. Ticknor vor, von dem ich annahm, dass er mein Gedicht nicht gelesen hatte; aber er schien vom Juniorpartner zu wissen, worum es ging, und fragte mich, ob ich dafür bezahlt worden sei. Ich gestand, dass dies nicht der Fall sei, und dann holte er eine Tasche aus Fensterleder hervor, nahm fünf goldene Halbadler heraus und legte sie auf die grüne Stoffplatte des Schreibtisches, in etwa in Form und Größe des Großen Bären. Seitdem habe ich mich nie wieder für ein literarisches Werk so großzügig bezahlt gefühlt, obwohl ich für ein einzelnes Stück mehr bekam als die 25 Dollar, die mich in dieser Konstellation blendeten. Der Verleger schien sich des poetischen Charakters der Transaktion bewusst zu sein; Er ließ die Stücke einen Moment liegen, bevor er sie aufsammelte, sie mir in die Hand legte und sagte: „Ich finde es immer schön, es in Gold zu haben.“

Doch mit dem Gedicht erwartete mich eine schreckliche Erfahrung, die für den Augenblick all meine Freude und meinen Stolz löschte. Es war „The Pilot's Story“, das, wie ich annehme, so viel Anklang gefunden hat wie alles, was ich in Versen geschrieben habe (ich rühme mich nicht, dass es so viel Anklang gefunden hat), und ich hatte versucht, darin eine Phase der nationalen Tragödie der Sklaverei zu behandeln, wie ich sie mir auf einem Mississippi-Dampfschiff vorgestellt hatte. Ein junger Plantagenbesitzer hat die Sklavin, die die Mutter seines Kindes ist, verspielt, und als er es ihr erzählt, bricht sie mit der Forderung aus:

„Was werden Sie unserem Jungen sagen, wenn er dort in Saint Louis nach mir schreit?“

Ich hatte mir das sehr gut, natürlich und einfach überlegt, aber ein verhängnisvoller Korrekturleser hatte es sich nicht gut genug überlegt oder einfach und natürlich genug, und er hatte die Zeile folgendermaßen lauten lassen:

„Was werden Sie unserem Jungen sagen, wenn er dort in Saint Louis nach ‚Ma' schreit?"

Er hatte sogar die Eingebung, das Wort zu zitieren, das er dem von mir geschriebenen vorzog, so dass es keine gnädige Möglichkeit gab, es mit einem Druckfehler zu verwechseln, und mir gefror das Blut in den Adern, als ich es sah. Mr. Fields hatte mir die Blätter zum Lesen gegeben, während er einige Briefe durchsah, und entweder spürte er den Schauer meines Entsetzens, oder ich machte ein Zeichen oder einen Laut der Bestürzung, der seine Aufmerksamkeit erregte, denn er drehte sich zu mir um. Ich konnte ihm die Passage nur mit einem Keuchen zeigen. Ich vermute, er hätte gern gelacht, denn es war grausam komisch, aber er tat es nicht; er war um die Zeitschrift ebenso besorgt wie um mich. Er erklärte, als er die Zeile zum ersten Mal las , habe er gedacht, ich könne sie nicht so geschrieben haben, und er stimmte mir zu, dass es das Gedicht ruinieren würde, wenn es in dieser Form herauskäme. Er machte sich sofort daran, den Schaden zu beheben, soweit das möglich war. Er fand heraus, dass die gesamte Ausgabe dieses Blattes gedruckt worden war, und die Luft um mich herum wurde wieder schwarz, hier und da erhellt von unheilvollen Blitzen des Zeitungswitzes auf meine Kosten, den ich in meinem Kummer vorausgesehen hatte; ich wusste selbst, was ich dazu gesagt hätte, wenn es jemand anderes gewesen wäre. Aber der Verleger entschied sofort, dass das Blatt neu gedruckt werden müsse, und ich ging schwach weg, als ob ich einer tödlichen Gefahr entrinnen wollte. Später stellte sich heraus, dass die Zeile beim Schreiben den ersten Korrekturleser passiert hatte, aber dass der letzte Leser so mitfühlend in die realistische Absicht meines Gedichts eingedrungen war, dass er die Änderung vornahm, die beinahe mein Ende gewesen wäre.

X.

Wie sich herausstellte, überlebte ich ohne weitere Schwierigkeiten den Tag und die Stunde des Abendessens, das Lowell für mich zubereitete, und ich denke wirklich, wenn ich mich selbst unpersönlich betrachte und mich daran erinnere, was für ein junger Kerl ich war, dass es sehr schade gewesen wäre, wenn ich es nicht getan hätte. Das Abendessen fand zur altmodischen Bostoner Stunde um zwei statt, und der Tisch war für vier Personen in einem kleinen oberen Raum bei Parker's gedeckt, was ich später nie mehr herausfinden konnte. Lowell war bereits da, als ich kam, und er stellte mich zu meiner unbeschreiblichen Freude und Überraschung Dr. Holmes vor, der mit ihm dort war.

Holmes befand sich in der glänzendsten Stunde jener wunderbaren zweiten Jugend, in die sein Ruhm erst aufblühte, als die Welt dachte, er hätte den Kreislauf seines literarischen Lebens abgeschlossen. Er hatte bereits volle Anerkennung als Dichter mit feinem Witz, flinkem Humor, luftiger

Vorstellungskraft und exquisiter Anmut erhalten, als die Zeitungen des Autokraten seinen Namen über die Grenzen hinaus vorantrieben, die die meisten Unsterblichen für ausreichend gehalten hätten. Das Wunder seiner Erfindung war noch frisch in den Köpfen der Menschen, und die Zeit hatte das Gefühl ihrer Neuheit nicht im Geringsten getrübt. Seine Leser identifizierten ihn alle liebevoll mit seinem Werk, und ich erwartete voll und ganz, mich in der Gegenwart des Autokraten zu befinden, als ich Dr. Holmes traf. Aber die Faszination war aus diesem Grund nicht geringer, und das gewinnende Lächeln, der weise und humorvolle Blick, die ganze freundliche Art waren für mich so wichtig, als hätte ich etwas ganz anderes geahnt. Ich fand ihn körperlich von der napoleonischen Größe, die geistig die Alpen überragt, und ich konnte ihm ins Gesicht sehen, ohne jene unangenehme Anstrengung, die Riesen von minderer Intelligenz den 1,62 Meter großen Mann so oft kosten.

Kurze Zeit später kam Fields herein, und dann waren unsere Nummer und mein Vergnügen komplett.

Tatsächlich hätte einem jungen Mann dieser Art in einem solchen Stadium seiner Karriere nichts so Befriedigendes passieren können wie diese ganze Angelegenheit. Und als ich mich mit Doktor Holmes und Mr. Fields rechts von Lowell hinsetzte, spürte ich durch und durch die dramatische Vollkommenheit des Ereignisses. Der freundliche Autokrat erkannte eine gewisse Qualität in Worten, die trotz ihres humorvollen Übermaßes nicht weniger kostbar und liebenswürdig waren. Ich habe keinen Grund zu der Annahme, dass er schon einen meiner armseligen Verse gelesen oder mich anders als nur auf Lowells Vertrauen hin gelesen hatte. Aber er beugte sich zu seinem Gastgeber herüber und sagte mit einem lachenden Blick auf mich: „Nun, James, das ist so etwas wie die apostolische Nachfolge; das ist das Auflegen der Hände." Ich nahm seine süße und schmeichelnde Ironie so, wie er sie meinte. Aber der Charme davon stieg mir schon lange vor einem Tropfen Wein zu Kopf, zusammen mit dem Charme, ihn und Lowell einander James und Wendell nennen zu hören und sie immer noch als herzliche Jungen zusammen zu finden.

Ich wäre gerne in den darauffolgenden Gesprächen vor diesen großen Lichtern aufgeblinkt, wenn mir etwas Brillantes eingefallen wäre, aber das ging nicht, und so ließ ich sie leuchten, ohne dass ein Strahl meiner Pracht von mir reflektiert wurde. Es war natürlich ein Gespräch, wie ich es noch nie zuvor gehört hatte, und es ist nicht bezeichnend zu sagen, dass ich seitdem nie wieder ein solches Gespräch gehört habe, außer von diesen beiden Männern. Es war so leicht und freundlich wie tief und wahr, und es umfasste hundert Dinge, mit einem ständigen Funkeln von Doktor Holmes' Witz und dem ständigen Glühen von Lowells glühendem Verstand. Von Zeit zu Zeit kam Fields mit einer seiner entzückenden Geschichten (es waren

Charakterskizzen, die er manchmal gerne karikierte) oder mit etwas Kritik an der literarischen Situation aus seiner Sicht als Liebhaber und Verleger von Büchern. Ich hörte, wie Berühmtheiten, die ich als Machtbeweise akzeptiert hatte, als künstlich behandelt wurden, und wurde Zeuge einer Offenheit in Bezug auf die Autorschaft, weit und nah, von der ich nicht einmal im Traum an Autoren gedacht hätte. Als Doktor Holmes erfuhr, dass ich für die „Saturday Press" schrieb, die damals unter einigen Bostoner Unsterblichen florierte, schien er mir mitteilen zu wollen, dass man sie in Boston nicht für so unsterblich hielt, und dass ich die Idee einer Gesellschaft der gegenseitigen Bewunderung nicht allzu ernst nehmen oder die Sicht der New Yorker Bohemiens auf Boston als wahr akzeptieren sollte. Das Gespräch richtete sich größtenteils nicht an mich, sondern wurde zu einem Austausch von Gedanken und Phantasien zwischen ihm und Lowell. Sie berührten, soweit ich mich erinnere, bestimmte technische Fragen, und der Doktor gestand, dass er eine Voreingenommenheit gegen einige Wörter hatte, die er nicht überwinden konnte; zum Beispiel, sagte er, konnte ihn nichts dazu bewegen, „neath" statt „underground" zu verwenden, keine Notwendigkeit der Versbildung oder Betonung des Reims. Lowell behauptete, er würde jedes Wort verwenden, das seine Bedeutung ausdrückte; und ich glaube, er tat dies zum Schaden einiger seiner früheren Werke. Er war damals wahrscheinlich im Aufruhr gegen zu viel Literatur in der Literatur, woran früher oder später jeder teilhaben muss; es gab eine gewisse Rauheit, die sehr an Grobheit erinnerte, der er nachgab, bevor seine Gedanken und Formulierungen in seinen späteren Werken zu einer einzigen Musik wurden. Ich stimmte dem Doktor stillschweigend zu, obwohl ich von meiner Treue zu Lowell nicht abwich, und wenn ich gesprochen hätte , hätte ich auf seiner Seite gestanden: Ich hätte diesen oder jeden anderen Beweis meiner Hingabe gegeben. Fields erwähnte beiläufig, dass er „The Dandelion" für das beliebteste von Lowells kürzeren Gedichten hielt, und ich beeilte mich zu sagen, dass ich das auch dachte, obwohl ich mir eigentlich nichts dabei dachte; und dann tat es mir leid, denn ich konnte sehen, dass es dem Dichter nicht wirklich gefiel; und ich fühlte, dass ich für meine Unehrlichkeit gebührend bestraft wurde.

Hawthorne wurde unter anderen Autoren genannt, wahrscheinlich von Fields, dessen Verlag gerade seinen „Marble Faun" veröffentlicht hatte und der kürzlich mit ihm auf demselben Dampfer nach Hause gekommen war. Doktor Holmes fragte, ob ich Hawthorne schon kennengelernt hätte, und als ich gestand, dass ich kaum je darauf gehofft hätte, lächelte er sein gewinnendes Lächeln und sagte: „Na ja! Ich glaube nicht, dass Sie jemals das Gefühl haben werden, ihn wirklich kennengelernt zu haben. Er ist wie ein dunkler Raum mit einer kleinen Kerze der Persönlichkeit, die auf der Ecke des Kaminsimses brennt."

Sie alle sprachen von Hawthorne, und zwar mit derselben Zuneigung, aber mit demselben Gefühl für etwas Mystisches und Fernes in ihm; und jedes Wort war für mich von unschätzbarem Wert. Aber diese Meister des Handwerks, bei denen ich in die Lehre ging, hätten wahrscheinlich nichts sagen können, was ich nicht für weise und gut gehalten hätte, und ich bin mir jetzt sicher, dass ich verloren hätte, wenn das Gespräch irgendeinen Aspekt der menschlichen Natur, den es berührte, ausgespart hätte. Am besten ist es, festzustellen, dass alle Menschen vom gleichen Schlag sind und dass es bestimmte universelle Dinge gibt, die sie genauso interessieren wie die überirdischen Dinge und sie sogar noch mehr amüsieren. Es gab ein Sprichwort von Lowell, das er gern wiederholte, wenn er von irgendeiner Form des Transzendentalen bedroht wurde, und er warnte sich und andere gern mit seinem schlichten „Denken Sie an die Essensglocke". Was ich von der Gesamtwirkung einer für mich so glücklichen Zeit in Erinnerung habe, ist, dass wir bei allem, was gesagt wurde, wie hoch oder schön es auch war, nie außer Hörweite der Essensglocke waren; und vielleicht ist dies die beste Wirkung, die ich beim Leser hinterlassen kann. Es war das erste Abendessen, das ich in mehreren Gängen serviert bekam, und ich hatte das Gefühl, dass dieser Service ihm eine romantische Bedeutung verlieh, die die alte Mode des Westens noch immer wollte. Sogar an Gouverneur Chases Tisch in Columbus tranchierte der Gouverneur; ich kannte das Abendessen „a la Russe", wie es damals genannt wurde, nur aus Büchern; und es war eine Art literarischer Geschmack, den ich in den einzelnen Gängen schmeckte. Als es zum schwarzen Kaffee kam und dann zu den „petits verres " Cognac mit angezündeten Zuckerstücken darauf, war es etwas, das meine häusliche Erfahrung so weit übertraf, dass es mir völlig visionär vorkam.

Weder Fields noch Doktor Holmes rauchten, und ich musste gestehen, dass ich es nicht tat; aber Lowell rauchte genug für alle drei, und der Funke seiner Zigarre begann im schwindenden Licht zu leuchten, bevor wir vom Tisch aufstanden. Die Zeit, die für mich nie ihresgleichen hatte und nie haben kann, musste zu Ende gehen, wie alle Zeiten, und als ich Lowell zum Abschied die Hand schüttelte, überwältigte er mich mit den Worten, wenn ich daran denke, nach Concord zu gehen , würde er mir einen Brief an Hawthorne schicken. Ich sollte Lowell während meines Aufenthalts in Boston nicht mehr sehen; aber Doktor Holmes lud mich für den nächsten Abend zum Tee ein, und Fields sagte, ich müsse am Morgen zum Frühstück mit ihm kommen.

XI.

Ich erinnere mich mit der Zuneigung, die seinem freundlichen Wesen und der Freundlichkeit, die wir später viele Jahre lang pflegten, gebührt, an das ganze Erscheinungsbild des Verlegers, als ich ihn zum ersten Mal sah. Sein üppiges Haar und sein voller „Spatenbart " , der in homerischen Locken von seinem Hals herabfiel, waren vom ersten Frost berührt. Er hatte eine schöne

Farbe und seine ebenso scharfen wie freundlichen Augen funkelten ruhelos über dem gesunden Rotbraun seiner Wangen. Sein stämmiger Körper war in jenen schottischen Tweed gekleidet, der bei uns im Westen den traditionellen Wollstoff noch nicht verdrängt hatte, obwohl ich einen groben Anzug aus New York hatte bestellen lassen und mich daher nicht ganz unwürdig fühlte, einen Mann zu treffen, der gerade aus den Händen des Londoner Schneiders kam.

Ansonsten hatte ich so viel Ehrfurcht vor ihm, wie es seine fröhliche Seele zuließ; und wenn ich dürfte, würde ich der literarischen Jugend von heute gern eine Vorstellung davon vermitteln, wie wichtig sein Name für die literarische Jugend meiner Zeit war. Er verlieh dem Verlag Ticknor & Fields ästhetisches Gepräge, war aber auf der wirtschaftlichen Seite keineswegs ein stiller Teilhaber. Niemand kann den Erfolg eines neuen Buches vorhersagen, aber er wusste so gut wie jeder Verleger, ob ein Buch gut war und ob der Leser das auch so finden würde; und ich nehme an, dass sein Verlag neben den guten so wenig Fehleinschätzungen anstellte wie jeder andere Verlag, der mit seinen Unternehmungen jemals die unsichere Stimmung des Publikums auf die Probe stellte. In den Köpfen aller, die den schlichten braunen Stoff und den geschmackvollen Druck seiner Ausgaben liebten, war er mehr oder weniger eng mit ihrer Literatur verbunden; und diejenigen, die nicht falsch lagen, wenn sie De Quincey für einen der entzückendsten Autoren der Welt hielten, waren dem Mann, der seine Schriften erstmals in Buchform herausgab, besonders dankbar und stolz darauf, dass diese Ausgabe das Ergebnis der amerikanischen Sympathie für sie war. Damals glaubte ich, dass das Schreiben der edelste Beruf der Welt ist, und mir fällt noch heute kein edlerer ein. Die großen Autoren, die ich kennengelernt hatte, waren für mich die Summe der Größe, und wenn ich ihren Verleger aufgrund gleicher Leistungen nicht auf die gleiche Stufe stellen konnte, verlieh ich ihm ein großzügiges Brevet, das ihn ihrer Freundschaft würdig machte, und ehrte ihn im sichtbaren Maße davon.

In seinem Haus neben dem Charles und in unmittelbarer Nachbarschaft von Doktor Holmes fand ich einen Geruch und eine Atmosphäre von Büchern, wie ich sie mir in den berühmten Literaturhäusern Londons vorstellte. Es ist immer noch da, dieses freundliche Heim der literarischen Vornehmheit, und der liebenswürdige Geist, der mich willkommen zu heißen wusste und meine Schüchternheit und Fremdartigkeit und das Wenige, was sonst noch in mir war, so gut wie möglich ausnutzte, erhellt es immer noch, obwohl meine Gastgeber in diesem entzückenden Moment viele Jahre lang zu denen gehörten, die nur ungesehen und ungehört unter uns sind. Ich erinnere mich an seine burleske Vortäuschung einer unauslöschlichen Trauer an jenem Morgen, als ich zugab, dass ich noch nie zuvor Blaubeerkuchen gegessen hatte, und wie er immer wieder auf das Pathos der Tatsache zurückkam, dass es eine Region der Erde geben sollte, in der Blaubeerkuchen unbekannt war. Wir frühstückten in dem hübschen Zimmer, dessen Fenster durch Blätter und Blumen auf die Flut des Flusses blicken und dessen Wände mit den Gesichtern und Autogrammen aller zeitgenössischen Dichter und Romanautoren bedeckt waren. Die Fields hatten während ihres letzten Englandaufenthalts einige Tage mit Tennyson verbracht, und Mrs. Fields hatte viel über ihn zu erzählen: wie er aussah, wie er rauchte, wie er laut vorlas und wie er, als er sie bat, mit ihm in den Turm seines Hauses zu gehen, sagte: „Komm herauf und sieh dir den traurigen englischen Sonnenuntergang an!", was für mich einen so unmittelbaren Wert hatte wie ein reicher Vers von ihm. Ich war in all dem sehr neu, und wie neu, konnte ich nicht genau sagen, aber ich schmeichelte mir, dass ich diese Atmosphäre einatmete, als käme ich aus einem lebenslangen Exil zurück. Trotzdem prahlte ich ein wenig patriotisch mit dem Westen und erzählte ihnen stolz, dass sich in Columbus seit Onkel Toms Hütte kein Buch so gut verkauft hatte wie „Der Marmorfaun". Das machte den gewünschten Eindruck, aber ob es wahr war oder nicht, weiß der Himmel; ich weiß nur, dass ich es von unserem führenden Buchhändler gehört hatte, und ich stellte selbst keine Fragen dazu.

Nach dem Frühstück ging Fields ins Büro, und ich blieb, während Mrs. Fields mir die Bücherregale der Bibliothek von Regal zu Regal zeigte und mich mit dem Anblick von Autorenexemplaren und Bänden von unschätzbarem Wert mit den Autogrammen und Bleistiftnotizen der Männer, deren Namen mir aufgrund meiner Liebe zu ihrer Arbeit lieb waren, verblüffte. Überall waren Erinnerungen an die lebenden Berühmtheiten, die meine Gastgeber kennengelernt hatten; und wen hatten sie nicht auf ihrem englischen Aufenthalt in den Tagen getroffen, bevor England sich während unseres Bürgerkriegs uns gegenüber verbitterte? Nicht nur Tennyson, sondern auch Thackeray, Dickens, Charles Reade, Carlyle, sondern viele kleinere Berühmtheiten klangen mir in den Ohren, weil ich so kurz zuvor mit ihnen gesprochen hatte, dass es mir war, als hörte ich ihre Stimmen in ihren widerhallenden Worten.

Ich weiß nicht mehr, wie lange ich blieb; ich weiß noch, dass ich Angst hatte, zu lange zu bleiben, und deshalb bin ich sicher, dass ich nicht so lange blieb, wie ich es gern gehabt hätte. Aber ich habe nicht die geringste Ahnung, wie ich wegkam, und ich bin mir nicht sicher, wo ich den Rest eines Tages verbrachte, der in den Wolken begann, aber auf der Erde enden musste. Ich nehme an, ich verbrachte ihn hauptsächlich damit, durch die Stadt zu wandern, und teilweise damit, meine Eindrücke für die Zeitung aufzuzeichnen, die sie nie veröffentlichte. Das Sommerwetter in Boston mit seiner sonnigen Hitze, die durch und durch von der Kühle des Meeres durchzogen ist, und seiner klaren Luft, die nicht durch einen Hauch von Rauch verdorben ist, habe ich immer geliebt, aber damals hatte es eine

Würze, die ich vorher nicht kannte; und ich hätte gedacht, es genügte, einfach darin zu leben. Aber überall stieß ich auf etwas, das meinen Hunger nach dem Alten, dem Kuriosen, dem Malerischen stillte, und wie auch immer der Tag verging, es war ein Fest, ein Fest. Ich kann mich nur an meinen atemlosen ersten Anblick der öffentlichen Bibliothek und der Athenaeum-Galerie erinnern: großartige Sehenswürdigkeiten damals, die der Vatikan und der Pitti später kaum an bloßer Emotion übertrafen. Tatsächlich habe ich diese älteren Schätze der Literatur und Kunst zwischen dem Frühstück mit dem Verleger des Autokraten am Morgen und dem Tee mit dem Autokraten selbst am Abend nicht gesehen, und das machte einen himmelweiten Unterschied.

XII.

Der Tee jener einfacheren Zeit ist für unsere Generation, die ihn nur als eine milde Form des Nachmittagsempfangs kennt, völlig unvorstellbar; aber ich nehme an, dass 1860 in unserer ganzen ländlichen Republik nur sehr wenige Menschen spät zu Abend aßen. Tee war die Mahlzeit, um die die Leute baten, wenn sie lange und gemütlich zusammensitzen wollten; sie wurde am Ende des Tages, um sechs oder sieben Uhr, serviert, und man ging im Morgenanzug dorthin. Die Fülle der leichten Gerichte hatte eine ungezwungene Häuslichkeit, und ich glaube, diese unterschieden sich von Ost nach West nicht sehr, außer dass wir eine südliche Note in unserem gebratenen Huhn und unserem Maisbrot hatten; aber am Teetisch des Autokraten hatte die Tasse, die mich aufmunterte, einen Geschmack, den ich vor jenem Tag noch nicht kannte. Er fragte mich, ob ich ihn kenne, und ich sagte, es sei englischer Frühstückstee; denn ich hatte ihn morgens beim Verleger getrunken und wollte ihm nicht fremd erscheinen. „Ah, ja", sagte er; „aber dies ist die Blume des Souchong; es ist die Blüte, die Poesie des Tees", und dann erzählte er mir, wie er es von einem Freund bekommen hatte, einem Kaufmann im Chinahandel, der in Boston florierte und die Poesie des Handels war, so wie dieses delikate Getränk des Tees. Dieser Handel ist längst vorbei, und ich stelle mir vor, dass die Pflanze aufgehört hat zu blühen, als der Handel verfiel.

Die Fenster des Autokraten hatten dieselbe Aussicht auf den Charles wie die des Verlegers , und nach dem Tee gingen wir in ein Hinterzimmer mit derselben Ausrichtung und sahen, wie die Sonne über dem Wasser und den nach Westen gerichteten Ebenen und Hügeln unterging. Nirgendwo sonst auf der Welt geht der Tag schöner zu Ende, und unsere Unterhaltung hatte etwas von der mystischen Farbe, die der Himmel diesen umhüllenden Weiten verlieh. Es war hauptsächlich sein Reden, aber ich habe immer festgestellt, dass die besten Redner bereit sind, dass man redet, wenn man möchte, und alles, was ich von ihm und dem ununterbrochenen Kreis verwandter Intelligenzen um ihn herum zu sagen hatte, war von einem schnellen

Mitgefühl und einem feinen Gespür erfüllt. Ich sah ihn damals inmitten seiner Familie und vielleicht nie danach in besserer Pracht oder besserer Stimmung. Wir sprachen über Dinge, mit denen sich die Leute vielleicht früher lieber beschäftigten als heute; über die Andeutungen der Unsterblichkeit, über die Erfahrungen krankhafter Jugend und über all die Botschaften der zitternden Nerven, die wir für Prophezeiungen halten. Ich schämte mich nicht, angesichts seiner nachsichtigen Weisheit die Auswirkungen anzuerkennen, die in meiner Phantasie und sogar in meinem Verhalten so lange nachwirkten, seit ich eine Zeit angeschlagener Gesundheit und gequälter Seele hatte; und ich erinnere mich an seinen exquisiten Takt, der sie als Dinge erkannte, die allen gemeinsam waren, wie eigenartig sie auch sein mochten, der sie mir überließ, egal, welche obskure Eitelkeit ich ihnen gegenüber hegte, und mir dennoch die Gesellschaft der ganzen Rasse in ihrer Erfahrung schenkte. Wir sprachen über Vorahnungen und Ahnungen; wir näherten uns den mystischen Grenzen der Welt, aus der noch kein Reisender mit einem Pass zurückgekehrt ist. regle ' und eigentlich ‚vise‘; und er hielt seinen Lichtweg durch diese hauchdünnen Ungreifbarkeiten mit bezaubernder Aufrichtigkeit, mit dem wissenschaftlichen Gewissen, das sich weigert, die Substanz unsichtbarer Dinge zu leugnen oder zu bestätigen. In der hereinbrechenden Dämmerung kam mir mein Glück, dort zu sein und ihm zuzuhören, so unheimlich vor, dass ich trotz all der Realität, die ich in mir spürte, auch ein gesegneter Geist hätte sein können.

Ich versuchte ihm zu erzählen, wie viel ich ihn seit meiner Kindheit gelesen hatte und mit welcher Freude und welchem Nutzen; und er war geduldig mit diesen Vergeblichkeiten, und ich habe mir zweifellos die Liebe vorgestellt, die sie inspirierte, und diese anstelle des schwachen Lobes akzeptiert. Als die Sonne unterging und die Lampen angezündet wurden und wir alle auf unsere liebe kleine, fest verankerte Erde zurückkehrten, begann er mich über meine Heimatregion auszufragen. Aus vielen vergessenen Fragen erinnere ich mich, dass er mich fragte, was die in Columbus angesagte Religion sei oder welche Kirche sozial der Unitarischen Kirche in Boston entsprach. Er musste zuerst meine Kenntnisse darüber klären, was Unitarismus sei; wir hatten Universalisten, aber keine Unitarier; aber als ich das verstand, antwortete ich aus dem Blickwinkel, den mir mein eigener, völlig anderer Swedenborgianismus bot, dass ich dachte, die meisten der angesehensten Leute bei uns seien Mitglieder der Presbyterianischen Kirche; einige waren sicherlich Episkopale, aber insgesamt waren die meisten Presbyterianer. Er fand das wirklich sehr seltsam und sagte, er glaube nicht, dass es in Boston eine Presbyterianische Kirche gebe; dass die Calvinisten in Neuengland alle der orthodoxen Kirche angehörten. Er musste mir die orthodoxe Kirche erklären, und dann konnte ich einer kongregationalistischen Kirche in Columbus beichten.

Wahrscheinlich habe ich es versäumt, dem Autokraten ein sehr klares Bild unserer sozialen Verhältnisse im Westen zu vermitteln, aber wenn das so war, lag der Fehler ganz bei mir. Seine Vortragsreisen hatten ihn nicht zu uns geführt, wie die von Emerson und anderen Neu-Engländern, und mein Bericht war eher positiv als vergleichend. Ich war damals voller Stolz auf meine journalistische Arbeit und ich wage zu behaupten, dass ich die Brillanz und Macht unserer Zeitungen mehr gepriesen habe, als sie verdienten; sonst hätte ich ihnen wahrscheinlich kein Unrecht zugefügt. Es ist seltsam, dass ich mich bei all den Gesprächen, die ich mit ihm und Lowell führte oder vielmehr von ihnen hörte, nicht an politische Angelegenheiten erinnern kann, obwohl Lincoln damals von den Republikanern nominiert worden war und der Bürgerkrieg praktisch begonnen hatte. Aber so etwas hatten wir im Norden nicht im Sinn; wir waren überzeugt, dass der Süden, wenn Lincoln gewählt würde, all seine feurigen Worte verschlingen würde, vielleicht aus reiner Liebe und eingefleischter Gewohnheit, Feuer zu spucken.

Ich entzog mich so früh wie möglich der Gegenwart des Autokraten, und da mein Abend zu vergnüglich gewesen war, um gleich zu schlafen, verbrachte ich den Rest der Nacht bis zwei Uhr morgens damit, mit einem Harvard-Senior, den ich kennengelernt hatte, durch die Straßen und den öffentlichen Bereich zu wandern. Er war ein junger Mann mit der gleichen literarischen Leidenschaft wie ich, aber in jeder Hinsicht aus so anderen Traditionen, dass mir sein tief geschultes und streng geregeltes Leben ebenso ungewöhnlich vorkam, wie ihm mein eigener planloser und selbstgefälliger Weg vorgekommen sein musste. Wir vertrieben uns die Zeit mit dem Vergnügen, uns einander vorzustellen , und versprachen, diese Bemühungen brieflich fortzusetzen, was gebührend in stille Geduld mit dem zwangsläufig unlösbaren Problem mündete.

XIII.

Ich muss wohl in Boston geblieben sein, um die Einführung in Hawthorne zu erhalten, die Lowell mir angeboten hatte, denn als sie kam, mit einer kleinen freundlichen Nachricht und einem Ratschlag für mich selbst, wie ihn nur Lowell zu schreiben begabt war, war es schon so nahe am Sonntag, dass ich bis Montag blieb, bevor ich aufbrach. Ich weiß nicht mehr, was ich in der Zeit anstellte, außer dass ich es nicht zu einer Last für die Leute machte, die ich kannte, und allein durch die Stadt irrte. Nichts davon ist mir geblieben, außer das Glück, das mir an jenem Sonntagabend den Blick auf den alten Granary Burying-ground in der Tremont Street ermöglichte. Ich fand die Tore offen vor und erkundete jeden Pfad des Ortes, wobei ich mich in so dürftigen Emotionen wälzte, wie ich sie vom Grab der Familie Franklin nur bekommen konnte, und mich mit der ganzen Seele meiner westlichen Modernität über die Zeugnisse einer fernen Antike freute, die so viele der undeutlichen Inschriften boten. Ich glaube nicht, dass ich jemals etwas gekannt habe, das praktisch älter war als diese Monumente, obwohl ich seitdem so viele klassische und mittelalterliche Ruinen gegessen habe. Ich bin überzeugt, dass mich die Grabinschrift eines armen kleinen puritanischen Mädchens, das Anfang der dreißiger Jahre mit 16 Jahren starb, tiefer berührt hat als später das Grabmal von Caecilia Metella. Und ich bin überzeugt, dass der Kummer, den ich in Verse zu fassen versuchte, als ich in mein Hotelzimmer zurückkehrte, nichtsdestotrotz echt war, auch wenn er sich nicht für meine literarischen Zwecke eignete und bis zum heutigen Tag nichts als Pathos geblieben ist.

Ich kann nicht sagen, wie ich die Stadt Lowell erreichte, wohin ich ging, bevor ich nach Concord ging, um mein schlechtes Gewissen zu beruhigen, das ich wegen dieser Fabriken hatte, die ich so sehr hasste zu sehen, und es rein zu halten für das Vergnügen, den Fabrikanten von Visionen zu treffen, den ich in jedem Luftschloss, wo ich ihn finden konnte, belästigen durfte. Ich weiß nur, dass ich nach Lowell ging und eine der großen Fabriken besuchte, die mir mit ihren surrenden Spulen, dem unaufhörlichen Flug ihrer Weberschiffchen und dem verwirrenden Anblick und Klang all ihrer Mechanismen seitdem wie der Tod der Freude erschienen, die die Arbeit bringen sollte, wenn nicht die Gefangenschaft derer, die sie bedienten. Aber dann dachte ich, es sei richtig und gut, dass ich dabeistand,

„Mit kranken und verächtlichen Blicken abgeneigt",

während diese anderen schufteten; ich sah die Tragödie darin nicht und ließ meine erbärmliche literarische Abneigung so schnell wie möglich hinter mir, wurde durch den Anblick der raffinierten Erfindungen, die ich inspizierte, nicht klüger und, wie ich leider sagen muss, auch nicht trauriger. In der Kühle des Abends saß ich an der Tür meines Hotels und sah den langen Reihen der von der Arbeit erschöpften Fabrikmädchen zu, die vorbeiströmten, ohne mich um sie zu kümmern, außer zu sehen, welche hübsch und welche unansehnlich waren, und ohne einen Traum von einer wahreren Ordnung als der, die ihnen zehn Stunden Arbeit pro Tag in diesen abscheulichen Fabriken gab und sie in den Baracken unterbrachte, wo sie sich von ihrer Arbeit ausruhten.

Ich frage mich, ob es noch eine Postkutsche gibt, die zwischen Lowell und Concord fährt, vorbei an Wiesenmauern und unter den liebkosenden Zweigen der Ulmen am Wegesrand und durch die von Vögeln bevölkerte Düsternis der Waldwege, in der Frische eines Sommermorgens? Durch einen glücklichen Zufall fand ich heraus, dass es 1860 eine solche Postkutsche gab, und ich nahm sie von meinem Hotel aus, anstatt nach Boston zurückzufahren und nach Concord zu fahren, wie ich es mit dem Zug hätte tun müssen. Die Reise ließ mich Neuengland so hautnah erleben, wie ich es auf keine andere Weise hätte erleben können, und zum ersten Mal sah ich es in all der sommerlichen Süße, in die ich seitdem oft meine Seele getaucht habe. Die Wiesen waren frisch gemäht, und die Luft war erfüllt vom Duft des Grases, das sich in langen Reihen zwischen den braunen Felsbrocken erstreckte oder mit Segeltuch bedeckt in den kleinen Heuhaufen lag, in die es am Tag zuvor eingesammelt worden war. Ich kam gerade von den wohlhabenden Farmen des Western Reserve, und diese Sorge um das Gras rührte mich mit einem rohen Mitleid, das ich auch den kargen Mais- und Weizenfeldern entgegenbrachte; aber dennoch war das Land mit seinen alten Bauernhäusern und mit Dornen bewachsenen grauen Steinmauern, seinen steinigen Hügeln, seinen atemberaubenden Obstgärten, seinen bewaldeten Gipfeln und seinen dichten, mit Farnen übersäten Tälern lieblicher als jedes andere , das ich je gesehen hatte. Von West nach Ost war der Unterschied so groß, wie ich ihn später von Amerika nach Europa fand, und mein Eindruck von etwas Kuriosem und Fremdartigem war nicht stärker, als ich im nächsten Jahr Altengland sah, als als ich Neuengland jetzt sah. Ich hatte mir die Landschaft ohne Bäume vorgestellt, und ich war erstaunt, sie fast so voll von Bäumen vorzufinden wie zu Hause, obwohl sie alle sehr klein aussahen, wie es für Augen, die an die Urwälder von Ohio gewöhnt waren, durchaus möglich war. Die Straße führte von Zeit zu Zeit durch sie hindurch, nahm ihre Kühle auf ihren glatten, harten Strecken auf und mündete dann wieder in das Glitzern der offenen Felder.

Während der Fahrt dachte ich mir über die Landschaft nach; und ja, ich denke mir auch über das junge Mädchen, das zu den Passagieren im Wageninneren gehörte und das, als die allgemeine Fremdartigkeit etwas nachgelassen hatte, zu singen begann und fast den ganzen Weg nach Concord sang. Vielleicht war sie nicht sehr weise, und ich bin sicher, dass sie nicht aus der Kaste von Vere de Vere stammte, aber sie war hübsch genug und hatte eine Stimme von vogelartiger Klangfülle , sodass ich sie, wenn ich könnte, nicht aus der Erinnerung an diese angenehme Reise streichen wollte. Sie war vor langer Zeit eine ältere Frau, wenn sie noch lebt, und ich denke, sie würde jetzt nicht auf ihren Mitreisenden zeigen, wenn er abends an dem Haus vorbeischlenderte, aus dem sie bei ihrer Ankunft in Concord ausgestiegen war, und lachen und ein anderes Mädchen in der großen Aufregung des ungeheuren Abenteuers vom Fenster wegziehen.

XV.

Ihr Mitreisender war in ganz anderer Aufregung; er sollte Hawthorne sehen und in gewisser Weise auch Priscilla und Zenobia, Hester Prynne und die kleine Pearl, Miriam und Hilda, Hollingsworth und Coverdale, Chillingworth und Dimmesdale, Donatello und Kenyon kennenlernen; und er hatte kein Herz für solch eine arme kleine Realität wie diese, die in keine Geschichte hineinpasste, die man respektieren konnte, und die sogar in einem Heinesschen Gedicht schwierig gewesen sein musste .

Ich verschwendete den ganzen Abend und den nächsten Morgen mit zärtlichem Zögern, und erst nach dem mittelmäßigen Abendessen in der Taverne, in der ich eingekehrt war, fand ich den Mut, hinzugehen und Hawthorne Lowells Brief zu überreichen. Ich hätte fast auf die Begegnung mit dem unheimlichen Genie verzichtet, nur um den Brief behalten zu können, denn er sagte gewisse unendlich wertvolle Dinge über mich mit einer solchen Süße, einer solchen Anmut, dass nur Lowell ihn loben konnte. Jahre später, als Hawthorne gestorben war, traf ich Mrs. Hawthorne und erzählte ihr von dem Schmerz, den ich empfand, als ich mich von dem Brief trennte, und sie schickte ihn mir, doppelt bereichert durch Hawthornes Aufbewahrung. Aber jetzt, wenn ich ihn überhaupt sehen wollte, musste ich meinen Brief abgeben, und ich trug ihn in meiner Hand zur Tür des Häuschens, das er The Wayside nannte. Es war immer ein sehr bescheidener Ort, aber die Bescheidenheit war damals größer als heute, und an einem Ende des Häuschens waren bereits einige vorläufige Zimmerarbeiten, die, wie ich sah, zu einem Anbau führen sollten. Ich erinnere mich an nette Felder auf der anderen Straßenseite davor; dahinter erhob sich ein mit niedrigen Kiefern bewaldeter Hügel, wie er in Septimius Felton zum Schauplatz des unfreiwilligen Duells zwischen Septimius und dem jungen britischen Offizier gemacht wird. Ich habe das Gefühl, dass der Wald bis ans Haus reicht, aber wenn das so ist, weiß ich nicht, was ich mit einem grasbewachsenen Hang anfangen soll, der sich anscheinend ein Stück den Hügel hinaufgezogen hat. Als ich näher kam, suchte ich nach dem Turm, in den der Autor der Legende zufolge beim Anblick des ankommenden Gastes kletterte und die Leiter hinter ihm herzog; und ich fragte mich, ob er auf diese Weise vor mir davonlaufen oder sich einen einfacheren Weg ausdenken würde, mir zu entkommen.

Die Tür wurde mir auf mein Klingeln von einem großen, gutaussehenden Jungen geöffnet, bei dem es sich vermutlich um Mr. Julian Hawthorne handelte, und im nächsten Augenblick stand ich dem Romancier gegenüber, der aus einem anderen Zimmer hereinkam. Er kam mit nach vorn geneigtem Kopf und einem Schritt näher, bei dem ich das Wort „nachdenklich" wählen konnte. Es war der Schritt eines stämmigen Mannes von fünfzig Jahren, und sein Kopf war jener schöne Kopf, den wir alle von den vielen Bildern kennen. Aber Hawthornes Blick war anders als auf allen Bildern, die ich von ihm gesehen habe. Er war düster und grübelnd, wie der Blick eines solchen Dichters sein sollte; es war der Blick eines Mannes, der sich treu und daher traurig mit jenem Problem des Bösen auseinandergesetzt hatte, das Hawthorne immer anzog und immer mied. Er war keineswegs beunruhigt; er war voll dunkler Ruhe. Andere, die ihn besser kannten und öfter sahen, waren mit anderen Aspekten vertraut, und ich erinnere mich an einen Abend an Longfellows Tisch, als einer der Gäste zufällig das Foto von Hawthorne erwähnte, das in einer Ecke des Raumes hing, und Lowell nach einem Blick darauf sagte: „Ja, es ist gut, aber es hat nicht sein schönes ‚accipitrales‘ [das sich auf das Aussehen eines Raubvogels bezieht; falkenartig. DW] Aussehen.“

In dem Gesicht, das mir gegenüberstand, war jedoch nichts von scharfer Wachsamkeit zu erkennen, sondern nur eine Art ruhiger, geduldiger Intelligenz, für die ich vergeblich nach dem richtigen Wort suche. Es war ein sehr regelmäßiges Gesicht mit schönen Augen; der Schnurrbart, noch ganz dunkel, war dicht über dem schönen Mund. Hawthorne war schwarz gekleidet und hatte, soweit ich mich erinnere, eine gewisse Wirkung, die er auf einer schwarzen Krawatte ohne sichtbaren Kragen hatte. Er war ein solcher Mann, dass ich ihn sofort als Persönlichkeit erkannt hätte, wenn ich ihn irgendwo unwissentlich getroffen hätte.

Ich muss ihm den Brief selbst gegeben haben, denn ich kann mich nicht erinnern, ihn schon einmal abgegeben zu haben. Ich erinnere mich nur daran, dass er mir die Hand reichte und mich schüchtern und zögerlich willkommen hieß. Nach einigen Augenblicken der Demoralisierung, die auf seine gastfreundlichen Versuche folgte, fragte er mich, ob ich nicht mit ihm auf seinen Hügel gehen und mich dort hinsetzen wolle, wo er nachmittags rauchte. Er bot mir eine Zigarre an, und als ich sagte, dass ich nicht rauche, zündete er sie sich selbst an, und wir stiegen gemeinsam den Hügel hinauf. Oben, wo wir in den Kiefern eine Aussicht auf die Concord-Wiesen hatten, fanden wir einen Baumstamm, und er lud mich ein, neben ihm auf dem Baum Platz zu nehmen, und in Abständen von etwa einer Minute unterhielt er sich, während er rauchte. Der Himmel bewahrte mich vor der Torheit, ihm zu sagen, wie viel mir seine Bücher bedeutet hatten, und obwohl wir uns zu keinem Zeitpunkt schnell verstanden, glaube ich, dass wir durch dieses Eingreifen besser miteinander auskamen. Er fragte mich vermutlich nach Lowell, denn ich erzählte ihm von meiner Freude, ihn und Doktor Holmes kennenzulernen, und das schien ihn sehr zu interessieren. Vielleicht, weil er erst vor kurzem aus Europa gekommen war, wo unsere großen Männer immer durch das falsche Ende des Teleskops gesehen werden, schien er über meine Hingabe überrascht zu sein und fragte mich, ob mir die Begegnung mit ihnen genauso viel bedeutete wie die Begegnung mit den berühmten englischen Autoren. Ich erklärte, dass mir das viel mehr am Herzen läge, obwohl ich jetzt meine Zweifel habe, ob das stimmt, und ich glaube, Hawthorne bezweifelte es damals. Aber er sagte nichts dazu und sprach weiter allgemein über Europa und Amerika. Er war neugierig auf den Westen, den er sich viel reiner amerikanisch vorstellte, und sagte, er würde gern einen Teil des Landes sehen, auf den der Schatten (oder, wenn ich genau sein muss, der verdammte Schatten) Europas nicht gefallen sei. Ich sagte ihm, meiner Meinung nach müsse der Westen letztlich von den Deutschen geprägt werden, die wir in großer Zahl hatten, und versuchte, rein aus meinem Eifer für deutsche Poesie einige Beweise für ihren gegenwärtigen Einfluss vorzubringen, obwohl mir keine außerhalb der Politik einfielen, auf die sie meiner Meinung nach einen wohltuenden Einfluss ausübten. Ich wusste, dass Hawthorne ein Demokrat war, und ich hielt es für gut, die Politik nur sparsam zu berühren, aber er hatte zu den bevorstehenden schicksalhaften Wahlen nicht mehr zu sagen als Holmes oder Lowell.

Während er seine Rede abrupt änderte, begann er irgendwie über Frauen zu sprechen und sagte, er habe noch nie eine Frau gesehen, die er für wirklich schön hielt. In gleicher Weise sprach er über das Temperament der Neuenglander und meinte, die scheinbare Kälte darin sei ebenfalls real und die Unterdrückung von Gefühlen über Generationen hinweg würde sie schließlich auslöschen. Dann befragte er mich über meine Kenntnisse von Concord und ob ich irgendeine der bemerkenswerten Personen gesehen hätte. Ich antwortete, dass ich außer ihm bisher niemanden getroffen hätte, aber ich wünschte sehr, Emerson und Thoreau zu sehen. Ich hielt es nicht für nötig zu sagen, dass ich Thoreau genauso sehr sehen wollte, weil er für die Sache von John Brown gelitten hatte, wie weil er die Bücher geschrieben hatte, die mich gefesselt hatten; und als er sagte, Thoreau sei stolz darauf, dem Herzen einer Kiefer näher zu kommen als jedem anderen Menschen, konnte ich ehrlich genug sagen, dass ich lieber dem Herzen eines Mannes nahe kommen würde. Das gefiel ihm sichtlich, und ich sah, dass es ihm nicht missfiel, als er mich fragte, ob ich nicht seinen nächsten Nachbarn, Mr. Alcott, besuchen wolle, und ich gestand, dass ich noch nie von ihm gehört hatte. Das überraschte ihn ebenso wie er erfreut war; er bemerkte, mit welcher Absicht auch immer, dass es nichts Besseres gebe, um einen Mann bescheiden zu machen, als Anerkennung; und er begann eine Geschichte über den Philosophen, und ich nehme an, ich brauche mich nicht sehr zu schämen, ihn damals nicht zu kennen, da sein Einfluss von der unmittelbaren Art war, die einen Mann für seine Mitbürger wichtig macht, während er seinen Landsleuten noch fremd ist.

Hawthorne sprach ein wenig über die Landschaft und sagte, dass einige der schönen Felder unter uns ihm gehörten; aber er ziehe seinen Hügelgipfel vor, und wenn es nach ihm ginge, sollten diese Ackerfelder auch mit Kiefern bewachsen werden. Er rauchte sporadisch und langsam, und in der Stunde, die wir zusammen verbrachten, war sein Geruch von dem unzusammenhängenden und unvollendeten Charakter seiner Worte. Als wir hinuntergingen, bat er mich wieder in sein Haus und wollte, dass ich zum Tee blieb, für den wir den Tisch gedeckt vorfanden. Aber es herrschte viel Stille, und manchmal fühlte ich, wie meine Stimmung trotz seiner schattenhaften Freundlichkeit sank. Nach dem Tee zeigte er mir ein Bücherregal, in dem ein paar Bücher auf den halb gefüllten Regalen herumfielen, und sagte kalt: „Das ist meine Bibliothek.“ Ich wusste, dass die

Menschen seine Bücher waren, und obwohl ich selbst so viel aus Büchern machte, fand ich es passend und schön, dass er sich so wenig darum kümmerte oder den Anschein erweckte, als würde er sich so wenig darum kümmern. Unter den Bänden in diesen Regalen befanden sich auch einige seiner eigenen Liebesromane, und als ich meinen Finger auf den „ Blithedale Romance" legte und sagte, dass ich diesen den anderen vorziehe, strahlte sein Gesicht, und er meinte, seiner Meinung nach gefalle den Deutschen dieser auch am besten.

Abschied anbot, fragte, wie lange ich noch in Concord bleiben würde, und mich nicht nur einlud, ihn wieder zu besuchen, sondern mir auch sagte, er würde mir eine Karte für Emerson geben, wenn ich wolle. Ich antwortete natürlich, dass ich mich über alles freuen würde, und er schrieb auf die Rückseite seiner Karte etwas, was ich, als ich wegging, als „Ich finde diesen jungen Mann würdig" erkannte. Die Eigentümlichkeit, die leichte Steifheit darin, wenn man es so nennen will, amüsierte jemanden, der nicht ohne Sinn für Humor war, aber die Freundlichkeit erfüllte mich bis zum Hals mit Freude. Tatsächlich mochte ich Hawthorne sehr. Er war so herzlich gewesen, wie sich ein so schüchterner Mann nur zeigen kann, und ich erkannte mit der Ruhe, die nichts anderes geben kann, die völlige Aufrichtigkeit seiner Seele.

Nichts hätte dem Verhalten dieses sehr großen Mannes ferner liegen können als jede Art von Pose oder der Wunsch, mir seine Größe vor Augen zu führen. Ich sah, dass er durch unsere Begegnung genauso beschämt war wie ich; er war sichtlich schüchtern bis zur Unbehaglichkeit, aber er war sich dessen in keiner unwürdigen Weise bewusst und stellte, so gut er konnte, mit jemandem, der so viel jünger war als er, eine absolute Gleichheit zwischen uns her. Meine Erinnerung an ihn ist ohne jeden Zweifel eine der schönsten Freuden meines Lebens: In meinem Herzen zollte ich ihm die gleiche freudige Ehrerbietung wie Lowell und Holmes, und er tat nichts, was mich glauben ließ, ich hätte ihn überbezahlt. Das scheint vielleicht sehr wenig Lob für ihn zu sein, aber meiner Meinung nach sagt es alles, denn ich habe nur wenige große Männer gekannt, besonders solche, die ich in jungen Jahren traf, als ich sie mit meiner Bewunderung überschütten wollte, und von denen ich nicht den Eindruck habe, sie in meiner Schuld gelassen zu haben. Ein Mangel der puritanischen Eigenschaft, den ich bei vielen Neu-Engländern festgestellt habe, besteht darin, dass sie sich einem bewusst oder unbewusst als Beispiel anbieten oder, wenn nicht ganz dies, sich mit einem subtilen Äther potentieller Missbilligung umgeben, in dem sie einen beim ersten Anzeichen von Unwürdigkeit hilflos nach Luft schnappen und zugrunde gehen lassen; sie haben gute Herzen und würden einem wahrscheinlich aus Menschlichkeit zu Hilfe kommen, wenn sie wüssten wie, aber sie wissen nicht wie. Hawthorne hatte nichts davon an sich; er war weder stillschweigend noch ausdrücklich didaktisch. Ich fand, dass er mit seinen Romanen so vollkommen im Einklang war, wie Doktor Holmes mit seinen Essays und Gedichten, und ich begegnete ihm, wie ich dem Autokraten in der Stunde seines größten Ruhms begegnet war. Er hatte der Welt gerade das letzte jener unvergleichlichen Werke geschenkt, die aus seiner Hand vollendet werden sollten; Der „Marmorne Faun" war mit etwas längerer Pause als üblich würdig auf „Blithedale Romance", „Das Haus mit den sieben Giebeln" und „Der scharlachrote Buchstabe" gefolgt und hatte seinen Namen vielleicht höher als alle anderen und sicherlich weiter getragen. Jeder las es und beklagte mehr oder weniger sein unbestimmtes Ende, zollte ihm aber die volle Ehre und das Lob, auf das ein Schriftsteller nur einmal in seinem Leben hoffen kann. Niemand träumte davon, dass danach nur noch kostbare Fragmente, mehr oder weniger stockende Skizzen, obwohl alle von göttlicher Hand, ein Erbe weiter bereichern würden, das in seiner Art das Schönste ist, was die Menschheit je von einem Geist erhalten hat. Wie ich schon sagte, finden wir immer neue Hawthornes , aber die Illusion verflüchtigt sich bald, und dann erkennen wir, dass es überhaupt keine Hawthornes waren ; dass er sich in irgendeiner Weise von ihnen unterschied, und wir werden mit der Zeit zweifellos zustimmen, dass dies für immer sein Unterschied zu allen Menschen sein wird.

Ich bin mir schmerzlich bewusst, dass ich dem Leser nicht das Bild des Mannes vor Augen geführt habe, das ich immer im Gedächtnis hatte, und ich empfinde eine Art Scham über mein Versagen. Er war so durch und durch einfach, dass es scheint, als wäre es leicht, dies zu tun; aber vielleicht wäre auch ein Geist aus der anderen Welt einfach und würde dennoch nicht mehr zu Gesprächen bereit sein oder sich einer Skizze hingeben als Hawthorne. Tatsächlich verschmolz er immer mehr oder weniger mit dem Schatten, der sich in ein paar Jahren vollständig über ihn schloss; es war nichts Unheimliches in seiner Gegenwart, es war nichts Unwilliges, aber er hatte jene geisterhafte Qualität einiger großer Geister, die Shakespeare denen, die sich für seine Vertrauten hielten, weitgehend unbekannt hielt und schließlich eine Art Zweifel an ihm hinterlassen hat. Es gab nichts Neckendes oder absichtlich Unfassbares in Hawthornes Ungreifbarkeit, wie ich es später bei Thoreau empfand; wenn man ihn nicht anfassen konnte, war es nicht seine Schuld; es lag daran, dass Ihr Tastsinn stumpf war und Sie den Kontakt mit solchen Wesen nutzen wollten. Die Hand geht durch das wahrheitsgetreue Phantom hindurch, ohne dass man seine Anwesenheit spürt, aber das Phantom ist trotzdem nichtsdestotrotz wahrheitsgetreu.

XVI.

Den Abend des Tages, an dem ich Hawthorne traf, verbrachte ich ausschließlich mit Gedanken an ihn oder vielmehr mit dem Nachhall, der nach einer wichtigen Begegnung in jungen Gefühlen nachhallt. Es muss der nächste Morgen gewesen sein, an dem ich mich auf die Suche nach Thoreau machte, und ich bin mir dunkel bewusst, dass ich ein oder zwei Mal vergeblich versucht habe, ihn zu finden, falls ich ihn überhaupt jemals wirklich gefunden habe.

Er ist ein Autor, der in jene Schwebe geraten ist, die alle Autoren, ob groß oder klein, früher oder später erwartet; aber ich glaube, dass es bei ihm, zumindest in Bezug auf sein wichtigstes Buch, nur vorübergehend sein kann. Ich habe die Geschichte seiner Einsiedelei am Walden Pond seit dem Jahr 1858 nicht mehr gelesen, aber ich habe die Vorstellung, dass ich, wenn ich sie jetzt wieder aufgreifen würde, sie für eine weisere und wahrere Weltanschauung halten würde, als ich es damals dachte. Sie ist keine Lösung des Problems; die Menschen werden das Rätsel der schmerzhaften Erde nicht lösen, indem sie sich Hütten bauen, von Bohnen leben und Ameisenkämpfen zuschauen; aber ich glaube nicht, dass Tolstoi selbst die Hohlheit, die Hoffnungslosigkeit, die Unwürdigkeit des Lebens in der Welt deutlicher gezeigt hat als Thoreau in diesem Buch. Wäre es neu geschrieben, würde es sicherlich eine weitaus größere Akzeptanz finden als damals, als es denen, die ernsthaft dachten und fühlten, schien, wenn man nur die Sklaverei unter Kontrolle bringen könnte, würden sich bei uns alle anderen Dinge von selbst regeln. Die Sklaverei wurde nicht nur unter Kontrolle gebracht, sondern auch abgeschafft, und doch sind die Dinge bei uns noch nicht in Ordnung gekommen. Doch es war die Fügung der Vorsehung, dass die Sklaverei vor der industriellen Sklaverei und der unendlich grausameren und dümmeren Eitelkeit und dem Luxus, die aus ihr erwachsen, beendet werden sollte. Falls es damals irgendeine Voraussicht auf den jetzt bevorstehenden Kampf gab, wandten die Seher ihre Augen ab und bemühten sich nur, mit dem kleineren Übel fertig zu werden. Thoreau selbst, der eine so klare Vision der Falschheit und Torheit der Gesellschaft hatte, wie wir sie noch heute kennen, stürzte sich in die Flut, die in Kansas und Virginia bereits vom Krieg gefärbt war. Er unterstützte und begünstigte den Überfall auf John Brown, ich weiß nicht mehr wie viel oder auf welche Art. Und er hat im Gefängnis für seine Ansichten und Taten gelitten. Es war dieser seine unvermeidliche Tapferkeit, der in mir, mehr noch als seine Literatur, den Wunsch weckte, ihn zu sehen und zu verehren. und ich glaube nicht, dass mir die Verehrung schwergefallen wäre, als ich ihn schließlich in seiner unzureichenden Gestalt traf, wenn er sonst meiner glühenden Erwartung entsprochen hätte. Er betrat das Zimmer als sonderbare, stumpfe Gestalt eines Mannes, dessen Wirkung von langem Rumpf und kurzen Gliedmaßen durch seine zu tief heruntergelassenen, unmodernen Hosen noch verstärkt wurde. Er hatte ein edles Gesicht mit zerzaustem Haar, einem verstörten Auge und einem feinen Adlerprofil , das mich sofort an Don Quijote und Cervantes denken ließ; aber seine Nase verlieh seiner Statur nicht jenen Fuß, den eine Nase dieser Form einem Mann laut Lamb immer verleiht. Er versuchte, mich geographisch einzuordnen, nachdem er mir einen Stuhl gegeben hatte, der nicht ganz so weit weg war wie Ohio, aber dennoch quer durch das ganze Zimmer, denn er saß an einer Wand und ich an der anderen; aber anscheinend gelang es ihm nicht, sich durch diese Anstrengung aus seinen Träumen zu reißen, denn er blieb in verträumtem Grübeln, das alle meine Versuche, etwas Passendes über John Brown und Walden Pond zu sagen, nur noch verstärkten. Ich habe nicht den geringsten Zweifel, dass ich in beiden Fällen unnötig und wertlos war und dass das, was ich sagte, kaum eine wichtige Reaktion hätte hervorrufen können; aber ich tat mein klägliches Bestes und war vom Ergebnis schrecklich enttäuscht. Die Wahrheit ist, dass ich damals ein hilflos konkreter junger Mensch war und alle Formen des Abstrakten, des Ausgedachten, mich wie körperliche Beschwerden quälten. Ich kann mich nicht erinnern, dass Thoreau überhaupt von seinen Büchern oder von sich selbst sprach, und als er anfing, von John Brown zu sprechen, war es nicht der warme, greifbare, liebevolle, ängstliche alte Mann, den ich mir vorstellte, sondern eine Art John Brown-Typ, ein John Brown-Ideal, ein John Brown-Prinzip, das wir irgendwie (mit langen Pausen zwischen den vagen, orphischen Phrasen) schätzen und uns davon nähren sollten.

Es war nicht nur eine Niederlage meiner Hoffnungen, es war eine Niederlage, und ich fühlte mich so über das Feld meiner Gedanken verstreut, dass ich meine Kräfte kaum für den Rückzug sammeln konnte. Ich muss einige Anstrengungen unternommen haben, vergeblich und töricht genug, um meinen alten Halbgott wieder zum Leben zu erwecken, aber als ich wegging, hatte ich das Gefühl, dass von John Brown kaum mehr übrig war als von mir. Sein Körper vermoderte nicht im Grab, und seine Seele marschierte auch nicht weiter; nur sein Ideal, sein Typ, sein Prinzip existierten, und ich wusste nicht, was ich damit anfangen sollte. Ich mache Thoreau keine Vorwürfe; seine Worte waren an ein ganz anderes Verständnis als das meine gerichtet, und es war mein Unglück, wenn ich keinen Nutzen daraus ziehen konnte. Ich denke, oder ich wage zu hoffen, dass ich jetzt mehr Nutzen daraus ziehen könnte; aber in diesem Bericht versuche ich ehrlich, ihre Wirkung auf die Art von Jugend zu schildern, die ich damals war.

XVII.

So wie ich war, wundere ich mich, dass ich nach diesem Experiment mit Thoreau den Mut hatte, Emerson die Karte zu überreichen, die Hawthorne mir gegeben hatte. Ich muss jedoch sofort zu ihm gegangen sein, denn ich kann keine Zeitspanne zwischen meinem Besuch beim Schüler und meinem Besuch beim Meister erkennen. Ich glaube, es war Emerson selbst, der mir die Tür öffnete, denn ich habe eine Vision von dem feinen alten Mann, der hoch erhoben auf seiner Schwelle steht, mit der Karte in der Hand, und von ihr mit einer vagen Gelassenheit zu mir blickt, während ich einen Moment auf der Türschwelle unter ihm wartete. Er muss damals etwa sechzig gewesen sein, aber ich erinnere mich an nichts Alter in seinem Aussehen, obwohl ich ihn einen alten Mann genannt habe. Sein Haar war, da bin ich mir sicher, noch ganz dunkel, und sein Gesicht hatte eine Art marmorne Jugendlichkeit, die durch das höchste und edelste Denken, das je ein Mensch hervorgebracht hat, zu einer feinen Intelligenz gemeißelt wurde . In Emersons Augen lag ein seltsamer Zauber, den ich damals und immer spürte, ähnlich dem, den ich in Lincolns Augen sah, aber schüchterner, aber süßer und weniger traurig. Sein Lächeln war das süßeste, das ich je gesehen habe, und die Kontur der Maske und die Linie des Profils passten zu dieser unvergleichlichen Süße des Mundes, zugleich ernst und merkwürdig, obwohl merkwürdig auch nicht ganz das richtige Wort dafür ist, aber subtil, nicht unfreundlich schelmisch, was wiederum nicht das richtige Wort ist.

Es war sein großes Glück, größtenteils missverstanden worden zu sein und nach einem Leben voller vollkommen einfacher und klarer Ansprache die dichte Intelligenz seiner Mitmenschen zu erreichen, und sein Gesicht drückte die Geduld und Nachsicht eines weisen Mannes aus, der zufrieden damit war, seine Zeit abzuwarten. Es wäre heute schwer, die Leute davon zu überzeugen, dass Emerson einst für die allgemeine Meinung all das darstellte, was hoffnungslos unmöglich war, und dass er in gewisser Weise ein nationaler Witz war, der Typ des Unverständlichen, das Schlagwort des armen Paragraphenschreibers. Er hatte die Öffentlichkeit vielleicht ein wenig desillusioniert, indem er sich hier und da als Dozent präsentierte und von Angesicht zu Angesicht mit den Menschen in Ausdrücken sprach, die sie nicht leugnen konnten, die sie ebenso klar wie weise fanden; er wurde von gewissen Leuten hier und da immer mehr gelesen; aber wir sind in der Reichweite seines weitreichenden Denkens noch so weit hinter ihm, dass es kein Wunder sein muss, dass er zwanzig Jahre vor seinem Tod der am meisten missverstandene Mann Amerikas war. Doch in dieser Dämmerung, in der er lebte, prägte er die Vorstellungskraft stark; die Geister, die ihn nicht begreifen konnten, waren sich seiner Größe dennoch bewusst. Ich selbst hatte nicht viel von ihm gelesen, aber ich kannte die Essays, die er im Atlantic druckte, und ich kannte einige seiner Gedichte, wenn auch bei weitem nicht viele; dennoch hatte ich das Gefühl, dass er irgendwie jenseits und jenseits meines Horizonts eine Erscheinung von Kraft, Schönheit und Weisheit war, die in unserer Literatur ihresgleichen sucht. Er hatte sich vor kurzem von seinen himmlischen Höhen herabgelassen, um am Kampf der Menschheit teilzunehmen, und ich nehme an, dass er, um die Wahrheit zu sagen, meiner jugendlichen Begeisterung mehr zusagte, weil er gesagt hatte, John Brown habe den Galgen so glorreich gemacht wie das Kreuz, als weil er all jene wahreren und weiseren Dinge ausgesprochen hatte, die auch in hundert Jahren noch das Denken der Welt bestimmen werden.

Ich weiß nicht, auf welche Art er mich willkommen hieß, aber ich weiß noch, dass ich mit ihm in seinem Arbeitszimmer oder in der Bibliothek saß und dass er dann von Hawthorne sprach, den ich wahrscheinlich so sehr lobte, wie ich konnte, und den er für seine persönliche Vortrefflichkeit und seine hervorragenden Eigenschaften als Nachbar lobte. „Aber sein letztes Buch", fügte er nachdenklich hinzu, „ist bloßer Brei", und ich erkannte, dass dieser große Mann nicht besser in der Lage war, eine künstlerische Fiktion zu beurteilen, als die Leute auf dem Boden, die damals aufschrien, als der Marmorfaun noch nicht feststand. Offenbar hatte er es, wie sie, wegen der Geschichte gelesen, aber mir scheint jetzt, wenn es mir damals nicht so schien, dass das Buch das Problem des Bösen dort lassen muss, wo es es gefunden hat. Das ist für immer unlösbar, und der Romanautor beschäftigte sich eher damit als mit seinen mehr oder weniger schattenhaften Leuten. Emerson hatte tatsächlich ein mangelhaftes Gespür für bestimmte literarische Stücke; Er lobte übermäßig und an der falschen Stelle, besonders bei den neuen Dingen, und er versäumte es, den Wert von vielem zu erkennen, was außerhalb seiner Vorstellungskraft schön und wertvoll war.

Er begann, mich über den Westen und einen unbekannten Mann in Michigan auszufragen, der ihm Gedichte geschickt hatte und den er für sehr vielversprechend hielt, obwohl er sein Wort, Großes zu leisten, offenbar nicht gehalten hatte. Was Emerson über meinen Abschnitt zu sagen hatte, fand ich nicht sehr zutreffend oder wichtig, obwohl es recht freundlich war und gerade genug dazu, was der Westen in der Literatur tun sollte. Er fand es schade, dass eine kürzlich in Cincinnati gegründete Literaturzeitschrift den Osten um Beiträge bat, anstatt sich auf die Autoren in der näheren Umgebung zu verlassen; und er hörte sich mit aller Geduld meine bescheidene Meinung an, dass wir die Autoren in der näheren Umgebung nicht hätten. Ich gehörte nie zu jenen Westlern, die glaubten, dass der Westen durch die Eifersucht des Ostens von der Literatur ferngehalten würde, und ich versuchte zu erklären, warum wir nicht die Leute hatten, um diese Zeitschrift in Ohio zu schreiben. Er behauptete, der Mann in Michigan sei der Einzige, der viel dazu beitragen könne, diese Rubrik würdig zu füllen, und wieder musste ich sagen, dass ich nie von ihm gehört hatte.

Ich fühlte mich wegen meiner Unwissenheit ziemlich schuldig und hatte das Gefühl, dass es nicht gerade für mich sprach, aber glücklicherweise wurde Mr. Emerson in diesem Moment zum Essen gerufen und bat mich, mit ihm zu kommen. Nach dem Essen spazierten wir ein wenig in seinem „geflochtenen Garten" umher und kamen dann wieder in seine Bibliothek, wo ich nur so lange verweilen wollte, bis ich mich endlich davonmachen konnte. Er fragte mich, was ich von Concord gesehen und wen ich außer Hawthorne getroffen hatte, und als ich ihm nur Thoreau sagte, fragte er mich, ob ich die Gedichte von Mr. William Ellery Channing kenne. Seitdem kenne ich sie und habe ihre Qualität gespürt, die ich gerne als echte und originelle Poesie anerkannt habe; aber ich antwortete damals wahrheitsgemäß, dass ich sie nur aus Poes Kritiken kenne: grausame und boshafte Dinge, für deren Genuss ich mich schämen würde, wie ich es einst tat.

„Wessen Kritik?", fragte Emerson.

„Poes", sagte ich noch einmal.

„Oh", rief er nach einem Moment, als wäre er von einer langen Suche nach dem, was ich meinte, zurückgekehrt, „Sie meinen den Klingelmann!"

Ich weiß nicht, warum mich das so verwirrt hat, aber wenn ich die Kritiken selbst geschrieben hätte , glaube ich nicht, dass ich noch beschämter gewesen wäre. Vielleicht empfand ich eine Art Tadel, eine Ermahnung in einer Charakterisierung Poes, der die Welt kaum zustimmen wird; obwohl ich selbst nicht mit der Bewunderung der Welt über ihn einer Meinung bin. Jedenfalls war es für mich fürs Erste das Ende, und ich blieb, als wäre ich bereits abwesend, während Emerson mich fragte, was ich im Atlantic Monthly geschrieben hätte. Er hatte offensichtlich keinen meiner Beiträge gelesen, denn er sah sie sich in dem gebundenen Band der Zeitschrift an, den er herausholte, mit dem Eindruck, als seien sie ihm völlig fremd, und fügte dann ernst meine Initialen unter jeden dieser Beiträge. Er folgte mir zur Tür, immer noch von Poesie sprechend, und als er sich recht freundlich von mir verabschiedete, sagte er, man könne ihr durchaus ab und zu eine angenehme Stunde widmen.

Eine angenehme Stunde für die Poesie! Ich hatte vorgehabt, der Poesie alle Zeit und alle Ewigkeit zu widmen, und ich hätte auf keinen Fall Lust daran finden wollen; ich hätte das als Beweis für die mindere Qualität des Werkes angesehen; ich hätte Angst, ja sogar Qual der Freude vorgezogen. Aber wenn Emerson nach dem Blick , den er auf meine Verse warf, dachte, ich sollte mich besser nicht mit derartigen Dingen beschäftigen, es sei denn, es steckte viel mehr von mir dahinter, als ich bei unserem Treffen hätte offenbaren können, dann hatte er zweifellos recht. Ich war mir meiner Unzulänglichkeit nur zu schmerzlich bewusst, aber ich hatte das Gefühl, dass sie kürzer ausfiel, als sie hätte sein müssen. Irgendwie war mein Besuch bei Emerson nicht so erfolgreich gewesen wie bei Hawthorne, und ich fragte mich hinterher, was ich falsch gemacht hatte. Ich war kein aufgeschlossener junger Mann, und ich konnte mir nichts an meinen Annäherungsversuchen vorwerfen, das es verdient hätte, zurückgehalten zu werden; tatsächlich machte ich gar keine Annäherungsversuche; aber da ich mir zwangsläufig etwas vorwerfen musste, fiel mir auf, dass ich bei meinem verwirrten Rückzug aus Emersons Gegenwart einen gewissen kleinen Zeremonienpunkt versäumt hatte, und ich machte daraus ein Vergehen von höchster Bedeutung. Ich ging nach Hause in mein Hotel und verbrachte den Nachmittag in purem Elend. Ich hatte Momente wilder Grübelei, in denen ich überlegte, ob es besser wäre, zurückzugehen und meinen Fehler einzugestehen, oder ob es besser wäre, ihm eine Nachricht zu schreiben und zu versuchen, mich auf diese Weise zu bessern. Aber am Ende tat ich weder das eine noch das andere, und ich habe meine tödliche Schande seither etwa vierzig Jahre oder mehr überlebt. Aber damals schien es mir unmöglich, den Tag damit zu überstehen, und ich dachte, dass ich zumindest hingehen und es Hawthorne gestehen und ihn den Schurken verleugnen lassen sollte, der die Freundlichkeit seiner Vorstellung durch ein solches Fehlverhalten so schlecht vergolten hatte. Ich ging tatsächlich in der Kühle des Abends den Wayside entlang, und dort sah ich Hawthorne zum letzten Mal. Er saß auf einem der Balken neben seiner Hütte und rauchte mit freundlicher Gelassenheit. Ich hatte mich sehr gut mit ihm verstanden und sehnte mich danach, hineinzugehen und ihm zu erzählen, wie schlecht ich mit Emerson ausgekommen war. Ich glaubte, dass er mich verstehen würde, auch wenn er mich abwies, und vielleicht noch Hoffnung für mich in einer anderen Welt sehen würde, obwohl es in dieser keine geben konnte.

irgendjemandem außer Fields über die Angelegenheit zu sprechen , dem ich nach meiner Rückkehr nach Boston mein Herz ausschüttete, und er fragte mich nach meinen Erlebnissen in Concord. Inzwischen konnte ich die Sache mit Humor nehmen, und es machte mir nicht viel aus, dass er sich in seinem Stuhl zurücklehnte und lachte und lachte, bis ich dachte, er würde aus dem Stuhl fallen. Er erfasste die Situation vollkommen und fand eine Erheiterung daran, die ich nur durch Sympathie mit ihm empfinden konnte. Aber ich hielt es für einen günstigen Moment, mich als stellvertretender Herausgeber des Atlantic Monthly vorzuschlagen, was ich meiner Überzeugung nach sehr gut werden könnte, zum Vorteil für mich, wenn nicht für die Zeitschrift. Er schien das auch zu denken; er sagte, wenn die Stelle nicht gerade neu besetzt worden wäre, hätte ich sie sicherlich bekommen; und seiner Erinnerung an diesen sofortigen Ehrgeiz von mir verdankte ich vermutlich meine Nachfolge bei einer ähnlichen Vakanz etwa vier Jahre später. Er war bezaubernd freundlich; er ging mit dem süßesten Interesse auf die Geschichte meines Wirtschaftslebens ein, das bereits voller Veränderungen und Chancen gewesen war. Als ich aber ganz ernst sagte, ich hätte diese Zufälligkeiten satt und wolle mich gern irgendwo niederlassen, fragte er mit funkelnden Augen:

"Wie alt bist du?"

„Ich bin dreiundzwanzig“, antwortete ich, und dann überkam ihn erneut ein Lachanfall.

„Nun“, sagte er, „da draußen fängt man jung an!“

In meinem Herzen dachte ich nicht, dass 23 so jung war, aber vielleicht war es das doch. Und wenn jemand behaupten würde, ich hätte hier einen jungen Mann porträtiert, dessen Ziele sicherlich jenseits seiner Möglichkeiten lagen, der krankhaft empfindlich war und, wenn nicht eingebildet, so doch unerträglich bewusst, dem unglaubliche Freundlichkeit entgegengebracht worden war und der nicht mehr gelitten hatte, als gut für ihn war, obwohl er seinen Schmerz vielleicht ebenso wenig verdient hatte wie seine Freude, dann weiß ich nicht, ob ich ihm widersprechen sollte, denn ich bin mir durchaus nicht sicher, ob ich nicht genau diese Art junger Mann war, als ich Neuengland zum ersten Mal besuchte.

ERSTE EINDRÜCKE VOM LITERARISCHEN NEW YORK

Ich kam mit dem Boot aus Boston an, an einem Augustmorgen des Jahres 1860, der wahrscheinlich von der gleichen Qualität war wie ein Augustmorgen des Jahres 1900. Damals machte mir das Wetter nicht viel aus; es war heiß oder kalt, nass oder trocken, aber das war nicht meine Sache; und ich glaube, ich schwitzte in der fremden Stadt, ohne etwas wirklich Persönliches an der Temperatur zu spüren, bis es dunkel wurde. Ich erinnere mich, dass ich hoch oben in einem Hotel war, das schon lange stillgelegt war, und in der Sommerdunkelheit nach dem Ende des langen Tages dem Dröhnen der Niagara-Omnibusse lauschte, deren Flut damals den Broadway von Bordstein zu Bordstein überschwemmte, über alle Meilen seiner Länge. Zu dieser Stunde waren die anderen Geräusche der Stadt verstummt oder gingen in diesem gewaltigen Klangvolumen unter, das die ganze Nacht zu erfüllen schien. Es hatte eine Feierlichkeit, die sich der moderne New Yorker kaum vorstellen kann, denn die Flut der Omnibusse ist längst verebbt und hat die Luft dem schrillen Dissonanzklang der Hochbahnen und dem unregelmäßigen Lärm der Gongs der Zugwagen überlassen, die sich zu keinem so harmonischen Donnern vermischen, wie es aus der Prozession dieser schwerfälligen und unzähligen Waggons aufstieg. Es lag eine Art innere Ruhe in dem Klang, und wenn ich wollte , schlief ich bei ihm ein und erwachte am Morgen erfrischt und gestärkt, um die literarische Situation in der Metropole zu erkunden.

ICH.

Nicht, dass ich das bis zum zweiten Tag aufgeschoben hätte. Sehr wahrscheinlich verlor ich keine Zeit, gleich nach meiner Ankunft nach dem Frühstück in die Redaktion der Saturday Press zu gehen, und ich habe den vagen Eindruck, die ersten Bohemiens zu erwarten, deren fröhliche Lebensanschauung sie zu vielen Strapazen zwang, früh morgens zu Bett zu gehen und spät am Tag aufzustehen. Wenn es der Bürojunge war, der mir während der ersten Stunde meines Besuchs Gesellschaft leistete, begannen nach und nach tatsächlich die Redakteure und Mitarbeiter hereinzukommen. Ich würde nicht sehr detailliert auf sie eingehen, wenn ich könnte, denn seitdem diese Bohemiens von der Landkarte der Literaturrepublik verschwunden sind, ist es immer schwieriger geworden, ihre Staatsbürgerschaft einem bestimmten Schriftsteller zuzuordnen. Es gibt einige Lebende, die die Bohemiens kannten und sogar liebten, aber es gibt immer weniger, die zu ihnen gehörten, selbst im liebevollen Rückblick auf jugendliche Torheiten und Irrtümer. Es war in der Tat nur eine kränkliche Kolonie, die aus dem Mutterasphalt von Paris verpflanzt wurde und nie wirklich auf den Bürgersteigen von New York Wurzeln schlug; es war eine

Kolonie von Ideen, von Theorien, die vielleicht nie irgendwo tiefe Wurzeln geschlagen hatten. Was diese Ideen, diese Theorien in der Kunst und im Leben waren, lässt sich nicht so leicht sagen; aber in der Samstagspresse kamen sie zu heftigem Ausdruck, um nicht zu sagen zu einer Explosion, gegen alle bestehenden Formen der Ehrbarkeit. Wenn Ehrbarkeit Ihr „ bête noire" war, dann waren Sie ein Bohemien; und wenn Sie die Angewohnheit hatten, sich in Prosa auszudrücken, dann zerlegten Sie Ihre Prosa notwendigerweise in sehr feine Absätze mit jeweils einem Satz oder mit sehr wenigen Wörtern oder sogar nur einem Wort. Ich glaube, diese Mode war bis vor kurzem bei einigen Theaterkritikern vorherrschend, die dachten, dass sie dem Stil eine epigrammartige Qualität verlieh; und ich nehme an, dass der Herausgeber der Presse sie den krampfhafteren Momenten Victor Hugos entlehnt hat. Er brachte sie mit, als er von einem jener Aufenthalte in Paris nach Hause kam, die eher einen französischen Akzent als die französische Sprache aufweisen; ich wünschte mir schon lange, selbst in dieser Art zu schreiben, aber ich hatte nicht den Mut dazu.

Dieser Redakteur war ein Mann von so offenem und unverhohlenem Zynismus, dass er, soweit ich weiß, im Grunde seines Herzens ein freundlicher Optimist gewesen sein könnte; manche sagen jedoch, er habe sich in Wirklichkeit selbst zu dem gemacht, was er zu sein schien. Ich weiß nur, dass seine Worte am ersten Tag, als ich ihn sah, so waren, dass er, wenn er auch nur halb so schlimm gewesen wäre, zu schlimm gewesen wäre, um zu sein. Er ging in seinem Zimmer auf und ab und sagte, welche grellen Dinge er sofort tun würde, wenn ihn jemand der Ehrbarkeit bezichtigen würde, damit er alle Zeugen eines Besseren belehren könne. Vier oder fünf seiner Assistenten und Mitarbeiter hörten sich die schrecklichen Drohungen an, die selbst meine Unschuld nicht täuschten, aber ich weiß nicht, ob sie es als die gleiche traurige Farce empfanden wie ich. Sie spürten wahrscheinlich die Faszination, die er ausübte, die ich trotz meines inneren Ekels nicht verleugnen konnte, und waren gleichzeitig wachsam, welche Wirkung seine Worte auf jemanden hatten, der zugegebenermaßen frisch aus Boston kam und voller Entzücken über die Leute war, die er dort gesehen hatte. Für ihn schien es ein Beweis für die Minderwertigkeit Bostons zu sein, dass, wenn man die Washington Street entlangging, ein halbes Dutzend Männer in der Menge wusste, dass man Holmes, Lowell, Longfellow oder Wendell Phillips war; aber am Broadway wusste niemand, wer man war, oder kümmerte sich auch nur im Geringsten um seine kleinste Gotteslästerung. Ich habe dies seither mehr als einmal als einen wesentlichen Vorteil New Yorks für den ästhetischen Bewohner angeführt gehört, aber ich bin mir noch nicht sicher, ob es so ist. Der unerkannte Star ist wahrscheinlich genauso sehr auf sich selbst konzentriert, als ob ihn jemand auf ihn aufmerksam gemacht hätte, und ansonsten kann ich mir nicht vorstellen, dass das Gefühl der Nachbarschaft für den Künstler in irgendeiner Weise so schlecht ist. Es beinhaltet das Verantwortungsgefühl, das nicht zu konstant oder zu stark sein kann. Wenn es enger wird, vertieft es sich; und das könnte das Geheimnis Bostons sein.

II.

Es wäre nicht leicht zu sagen, warum die Bohemian-Gruppe in meiner Vorstellung die New Yorker Literatur repräsentierte; denn ich brachte sicherlich andere Namen mit ihren besten Werken in Verbindung, aber vielleicht lag es daran, dass ich selbst für die Saturday Press geschrieben hatte und stolz darauf war, und vielleicht lag es daran, dass diese Zeitung wirklich das neue literarische Leben der Stadt verkörperte. Sie war klug und voll von dem Witz, der sich an allem versucht. Sie griff alle literarischen Täuschungen an, außer ihre eigenen, und sie machte sich bemerkbar und gefürchtet. Die jungen Schriftsteller im ganzen Land wollten unbedingt in ihr zu sehen sein, und sie gaben ihr Bestes; sie gaben buchstäblich, denn die Saturday Press zahlte nie etwas anderes als die Hoffnung auf Bezahlung, die noch vager war als Versprechen. Es ist nicht übertrieben zu sagen, dass es für einen fast genauso gut war, von der Press akzeptiert zu werden wie vom Atlantic, und für die damalige Zeit gab es keinen anderen literarischen Vergleich. Wer dabei war, war in der Gesellschaft von Fitz James O'Brien, Fitzhugh Ludlow, Mr. Aldrich, Mr. Stedman und allen anderen, die damals in New York die lebendigste Prosa oder die schönsten Verse schrieben. Es war eine Macht, und obwohl es stimmt, dass, wie Henry Giles sagte, „der Mensch nicht von Schnappschildkröten allein leben kann“, war die Presse eine sehr gute Schnappschildkröte. Oder zumindest schien es damals so; ich hätte jetzt fast Angst, sie zu testen, denn ich mag Schnappschildkröten nicht mehr so sehr wie früher, und mein Geschmack ist feiner geworden und ich möchte meine Schnappschildkröte nur vom Allerbesten. Sicher ist, dass ich mit einem ganz ähnlichen Gefühl in die Redaktion der Saturday Press in New York ging, wie ich es in der Redaktion des Atlantic Monthly in Boston hatte, aber ich verließ sie mit einem ganz anderen Gefühl. Ich hatte dort eine Bitterkeit gegen Boston festgestellt, die ebenso groß war wie die Bitterkeit gegen die Ehrwürdigkeit, und da Boston damals schnell zu meinem zweiten Land wurde, konnte ich mich der Verachtung, die die Böhmen über sie dachten und sagten, nicht anschließen. Ich stellte mir eine Verschwörung unter ihnen vor, um den literarischen Pilger zu schockieren und die kostbaren Gefühle, die er beim Besuch anderer Heiligtümer empfunden hatte, zu schmälern; aber ich fand das nicht schlimm, denn ich wusste genau, wie sehr man geschockt sein konnte, und ich dachte, ich wüsste besser, wie man gewisse Dinge der Seele wertschätzt als sie. Doch als ihr Chef mich fragte, wie ich mit Hawthorne auskäme, und ich anfing zu sagen, dass er sehr schüchtern und ich eher schüchtern sei, und der König von Böhmen seine Pfeife herausholte, um mich mit „Oh, ein paar Gauner!“ zu unterbrechen, und der Rest lachte, war ich so beschämt, wie sie es sich nur wünschen konnten, und kam erst wieder zur Besinnung, als einer von ihnen sagte, dass der Gedanke an Boston ihn so hässlich wie die Sünde machte; Dann begann ich wieder zu hoffen, dass ich Männer, die sich selbst so ernst nahmen, nicht besonders ernst nehmen musste.

Tatsächlich hatte ich zuvor in anderen Zeitungsredaktionen fast ebenso verzweifelt zynische Dinge gehört, und ich konnte nicht erkennen, was an diesen „anime prave", diesen durch ihre eigene Erscheinung so unheilvollen Seelen, so typisch Böhmen war . Aber anscheinend war Böhmen kein Staat, den man sich nach einer einzigen Begegnung gut vorstellen konnte, und da mein Aufenthalt in New York nur sehr kurz sein sollte, verlor ich keine Zeit, mich näher damit vertraut zu machen. Noch am selben Abend ging ich in den Bierkeller, der einst ganz weit oben am Broadway lag, wo ich erfuhr, dass die Nächte der Böhmen verraucht und getrunken wurden. Bis nach Ohio im Westen hieß es, die Königin von Böhmen käme manchmal zu Pfaff's: ein junges Mädchen mit einer lebhaften literarischen Begabung, deren Name oder Pseudonym sich damals ziemlich bekannt gemacht hatte und deren Schicksal, das zu allen Zeiten rührend war, fast jedes andere in der Literaturgeschichte an Tragödien übertrifft. Sie wurde im Eisenbahnzug von einem Hund gebissen und bekam Tollwut; und machte eine lange Heimreise in den Anfällen jener qualvollen Krankheit, die mit ihrem Tod endete, nachdem sie New York erreicht hatte. Aber das war, nachdem ihre Herrschaft zu Ende war, und kein solch dunkler Schatten lag auf Pfaff's, dessen Name oft in den Versen und der epigrammatisch abgesetzten Prosa der „Saturday Press" auftauchte. Ich hatte das Gefühl, dass ich als Mitarbeiter und zumindest als Brevet Bohemian nicht nach Hause gehen sollte, ohne den berühmten Ort zu besuchen und zu sehen, ob ich nicht an den Feierlichkeiten meiner Kameraden teilnehmen konnte. Da ich weder Bier trank noch rauchte, beschränkte sich mein Anteil an dem Gelage auf einen deutschen Pfannkuchen, den sie, wie ich herausfand, bei Pfaff's sehr gut hatten, und darauf, den wirbelnden Worten meiner Kommensalen an dem langen Brett zu lauschen, das für die Bohemians in einem höhlenartigen Raum unter dem Pflaster aufgestellt war. Es gab Autoren für die „Saturday Press" und für Vanity Fair (eine hoffentlich komische Zeitung jener Zeit) und einige der Künstler, die für die illustrierten Zeitschriften zeichneten. Nichts von ihrem Gerede ist mir in Erinnerung geblieben, aber ich habe den Eindruck, dass es nicht so gute Gespräche waren wie die, die ich in Boston gehört hatte. In einem Moment der Orgie, die für eine Orgie nur langsam voranschritt, gesellten sich einige verspätete Böhmen zu uns, um die die anderen ein großes Geschrei machten; man gab mir zu verstehen, dass sie sich gerade von einer furchtbaren Ausschweifung erholt hatten; ihre Locken waren noch feucht von den nassen Handtüchern, mit denen sie wieder in Form gebracht worden waren, und ihre Augen waren ganz rasend. Ich wurde diesen Typen vorgestellt, die weder etwas sagten noch taten, was ihrem schrecklichen Aussehen würdig gewesen wäre, sondern sich auf ihre Plätze am Tisch fallen ließen und das Abendessen mit einem scheinbar dürftigen Appetit aßen. Ich blieb bis elf Uhr und hoffte vergeblich auf Schlimmeres, dann stand ich auf und verabschiedete mich von einem literarischen Zustand, der mich deutlich enttäuscht hatte. Ich sage nicht, dass es nicht noch böser und witziger gewesen sein könnte, als ich es vorfand; ich berichte nur, was ich bei meinem ersten Besuch in New York in Böhmen sah und hörte, und ich weiß, dass meine Bekanntschaft damit nicht erschöpfend war. Als ich im nächsten Jahr kam, gab es die Saturday Press nicht mehr, und der Herausgeber und seine Mitarbeiter hatten keinen gemeinsamen Mittelpunkt mehr . Der beste der jungen Leute, die ich dort traf, gestand in einem netten Briefwechsel, den wir später führten, dass er die Pose für eitel und unrentabel hielt; und als die Presse nach dem Krieg wiederbelebt wurde, hatte sie keine der alten böhmischen Eigenschaften mehr, außer dass sie nicht für Material bezahlte. Unter diesen Bedingungen konnte sie nicht lange bestehen, und wieder ging sie unter und wartet noch immer auf ihre zweite Palingenese.

Auch der Herausgeber starb nicht lange danach, und die Sache, die er inspiriert hatte, hörte völlig auf zu existieren. Er war ein Mann mit einer gewissen sarkastischen Fähigkeit, die er ziemlich wild und freizügig einsetzte, mit einer Freude, die er wahrscheinlich eher scheinbar als wirklich bereitete, angesichts des Schmerzes, den er verursachte. In meinem letzten Leben war er viel sanfter als zu Beginn meiner Bekanntschaft, und ich habe das Gefühl, dass auch er vor seinem Tod zugab, dass der Mensch nicht von Schnappschildkröten allein leben kann. Er war freundlich zu einigen vernachlässigten Talenten und freundete sich mit ihnen mit einer Energie und einem Eifer an, die er als letzter als großzügig hätte bezeichnen lassen. Der wichtigste dieser Talente war Walt Whitman, der, als die Saturday Press sich seiner annahm, bei den Kritikern diesseits und jenseits des Ozeans eine so hoffnungslose Lage hatte wie nur ein Mensch sie haben kann. Erst viel später begannen seine englischen Bewunderer, ihn zu entdecken und seinen Landsleuten lautstarke Vorwürfe zu machen, weil sie ihn ignorierten; sie waren völlig im Dunkeln, was ihn betraf, als die Samstagspresse, die zuerst als sein Freund galt, und die jungen Männer, die die Presse um sich scharte, ihn zu ihrem Kult machten. Zweifellos wurde er mehr geschätzt, weil er in mancher Hinsicht so anstößig war, als er es gewesen wäre, wenn er in keiner Weise anstößig gewesen wäre, aber es bleibt eine Tatsache, dass sie ihn so sehr feierten, wie es ihnen gut tat. Er war oft mit ihnen bei Pfaff's, und am Abend meines Besuchs war er das Hauptereignis meines Erlebnisses. Ich wusste nicht, dass er da war, bis ich auf dem Weg nach draußen war, denn er saß nicht an dem Tisch unter dem Pflaster, sondern am Kopfende eines Tisches weiter hinten im Raum. Als ich dort vorbeiging, hielt mich ein freundlicher Kerl an und nannte mich ihm, und ich erinnere mich, wie er sich in seinem Stuhl zurücklehnte und seine große Hand nach mir ausstreckte, als ob er sie mir für immer und ewig geben wollte. Er hatte einen schönen Kopf mit einer Wolke aus Jupiterhaar, einen wuchernden Bart und Schnurrbart und sanfte Augen, die mir sehr freundlich in die Augen blickten und die Sympathie zu wünschen schienen, die ich ihm sofort entgegenbrachte, obwohl wir kaum ein Wort wechselten und unsere Bekanntschaft in diesem Blick und dem Griff seiner mächtigen Faust auf meiner Hand zusammengefasst war. Ich bezweifle, dass er eine Ahnung hatte, wer oder was ich war, abgesehen von der Tatsache, dass ich ein junger Dichter war, aber er erinnerte sich vielleicht daran, meinen Namen nach einigen sehr Heinesken Versen in der Presse abgedruckt gesehen zu haben. Ich traf ihn zwanzig Jahre lang nicht wieder und dann hatte ich nur einen Augenblick mit ihm, als er in Boston die Korrekturfahnen seiner Gedichte las. Einige Jahre später sah ich ihn zum letzten Mal, einen Tag nach seinem Vortrag über Lincoln in dieser Stadt, als er von der Bühne herunterkam, um mit einigen händeschüttelnden Freunden zu sprechen, die sich um ihn versammelt hatten. Damals und immer vermittelte er mir das Gefühl einer süßen und aufrichtigen Seele, und ich spürte in ihm eine geistige Würde, die ich nicht damit in Einklang zu bringen versuche, dass er in seinem Buch eine Passage aus einem privaten Brief von Emerson abdruckte, obwohl ich glaube, dass er so etwas nicht so gesehen hätte wie die meisten anderen Menschen oder dass er es bei anderen nicht schlecht fand. Die geistige Reinheit, die ich in ihm fühlte, ebenso wie die Würde, werde ich nicht mehr mit dem in Einklang zu bringen versuchen, was sie auf seiner Seite leugnet; aber solche Dinge können wir gut der Anpassung feinerer Gleichgewichte überlassen, als wir zur Verfügung haben. Ich werde nur für die größte Güte in Gegenwart des Mannes sorgen. Der Apostel des Rauen, des Ungehobelten war der sanfteste Mensch; sein barbarisches Geschrei, in die Sprache der gesellschaftlichen Begegnung übersetzt, war eine Ansprache von einzigartiger Ruhe, vorgetragen mit einer Stimme gewinnender und liebenswerter Freundlichkeit.

Was sein Werk selbst angeht, so glaube ich, dass ich es nicht in seiner Wirkung, sondern in seiner Absicht für so wertvoll halte. Er war eine befreiende Kraft, ein wahrhaft „imperialer Anarchist" in der Literatur; aber Freiheit ist nie mehr als ein Mittel, und was Whitman in dem, was man seine Verse nennen muss, erreichte, war ein Mittel und kein Zweck. Seine Prosa gefällt mir, wenn es da einen Unterschied gibt, viel besser; da ist er von einer freundlichen und tröstlichen Qualität, sehr reich und herzlich, so wie ich ihn empfand, als ich ihn persönlich traf. Seine Verse scheinen mir keine Poesie zu sein, sondern das Material der Poesie, wie die eigenen Gefühle; dennoch würde ich sie nicht unterschätzen, und ich gebe gerne zu, dass ich Momente großer Freude daran hatte. Ein in der Saturday Press zitierter französischer Kritiker (mir fällt sein Name nicht ein) sagte das Beste über ihn, als er sagte, er mache einen zum Partner des Unternehmens, denn genau das tut er, und das ist es, was einen entfremdet und was ihn lieb macht, je nachdem, ob einem die Partnerschaft gefällt oder nicht. Es ist immer noch etwas Nachbarschaftliches, Brüderliches, Väterliches, und so empfand ich ihn auch, als der gütige alte Mann mich ansah und mit mir sprach.

III.

Dieser Abend bei Pfaff's muss für mich der letzte Abend der Bohemians gewesen sein, und es war für die damalige Zeit auch der letzte Abend der New Yorker Autorenschaft. Ich weiß nicht, warum ich nicht daran gedacht haben sollte, Curtis zu sehen, den ich so gut auswendig kannte und den ich verehrte, aber vielleicht hatte ich nicht den Mut dazu oder ich hörte, dass er nicht in der Stadt war; Bryant, glaube ich, war damals außer Landes; aber jedenfalls versuchte ich es auch bei ihm nicht. Die Bohemians waren für mich der Anfang und das Ende der Geschichte, und um die Wahrheit zu sagen, gefiel mir die Geschichte nicht. Ich erinnere mich, dass ich, als ich an diesem Tisch unter dem Pflaster in Pfaff's Bierkeller saß und dem Witz lauschte, der nicht sehr lustig schien, an das Abendessen mit Lowell, das Frühstück mit Fields, das Abendessen beim Autokraten dachte und das Gefühl hatte, sehr tief gesunken zu sein. Tatsächlich kann es nach so langer Zeit nicht schaden, zu gestehen, dass ich damals und noch eine ganze Weile danach der Meinung war, dass jemand, der die Männer gesehen und all das gehört hatte, was ich in Boston gehört hatte, nicht allzu gut in Baumwolle gekleidet sein konnte. Und genau das tat ich den ganzen folgenden Winter, obwohl es natürlich ein Geheimnis zwischen mir und mir war. Ich wage zu behaupten, dass es in mancher Hinsicht nicht das Schlimmste war, was ich hätte tun können.

Mein Aufenthalt in New York kann nicht sehr lang gewesen sein, und den Rest verbrachte ich hauptsächlich damit, die Monumente der Stadt aus den Fenstern von Omnibussen und von den Plattformen der Pferdebahnen aus zu betrachten. Die Welt war damals so einfach, dass es vielleicht nur ein halbes Dutzend Städte gab, in denen Pferdebahnen fuhren, und ich reiste mit unverminderter Begeisterung in diesen Fortbewegungsmitteln in New York, sogar nach meinen Reisen zwischen Boston und Cambridge hin und her. Ich habe nicht die geringste Ahnung, wohin ich ging oder was ich sah, aber ich nehme an, dass ich die hässlichen East und West Avenues auf und ab fuhr, die damals in all ihrer Hässlichkeit offen vor den Augen lagen, die heute teilweise von den Hochstraßen verdeckt wird, und dass ich sie sehr stattlich und schön fand. Tatsächlich war New York damals wirklich schöner als heute, wo es so viel mehr Beispiele schöner Architektur gibt, denn damals gab es die Wolkenkratzer noch nicht, und in den Straßen herrschte eine schöne Regelmäßigkeit, die diese rohen Massen aller Formschönheit beraubt haben. Schmutz und Elend gab es dort in Hülle und Fülle, aber auch unendlich mehr Komfort. Die lange Reihe von Querstraßen war nach

Clinton Place noch größtenteils vor Geschäften geschützt; am Union Square begann sich gerade erst Handel zu entwickeln, und Madison Square war noch die Heimat der McFlimsies , deren Verwandte und Angehörige unbehelligt in den Brownstone-Abschnitten der Fifth Avenue lebten. Ich versuchte angestrengt, sie mir vorzustellen, da ich sie durch Mr. Butlers Gedicht kennengelernt hatte und da ich wusste, dass die sanfte Satire der „ Potiphar Papers" sich in einer Gemeinde verbreitet hatte, die schockiert war über die Exzesse unserer besten Gesellschaft; damals war es wahrscheinlich nicht halb so schlimm wie heute. Aber ich glaube, ich habe mir nicht viel daraus gemacht, vielleicht weil die meisten Leute, die eigentlich in diesen schönen Villen hätten leben sollen, an der Küste oder in den Bergen waren.

Die Berge hatte ich auf meinem Weg von Kanada her gesehen, die Küste jedoch nicht, und ich konnte nie nach Hause gehen, ohne einen berühmten Sommerurlaubsort zu besuchen. Ich muss mich für Long Branch entschieden haben, weil ich gehört hatte, dass es damals der angesagteste Ort war, und eines Nachmittags nahm ich das Boot dorthin. Dabei sah ich nicht nur zum ersten Mal im Meer baden, sondern auch einen Sturm auf See: Ein Sturm traf uns so plötzlich, dass er alle Campingstühle auf der Promenade wegfegte; es war sehr aufregend, und ich hatte lange vorgehabt, die schwarze Wolkenwand, die sich wie eine Art tragbare Mitternacht auf dem Wasser vor uns niederließ, in der Literatur zu verwenden; jetzt werfe ich sie sozusagen dem Leser vor; sie würde nie irgendwohin kommen. Ich blieb die ganze Nacht in Long Branch und nahm am nächsten Morgen vor dem Frühstück ein Bad: ein extrem kaltes, mit einer Rettungsleine, um mich gegen die Unterströmung zu schützen. Bei diesem Ritus leistete mir ein junger New Yorker Gesellschaft, den ich auf dem Hinflug kennengelernt hatte und der von dem lockeren, hoffnungsvollen, abenteuerlustigen Geschäftstyp war, der der Stadt eigen zu sein scheint und der mich schon immer angezogen hat. Er erzählte mir viel über sein Leben, wie er lebte und was sein Leben kostete. Er hatte ein großes Zimmer in einer schicken Pension und zahlte dafür vierzehn Dollar die Woche. In Columbus hatte ich ein ähnliches Zimmer in einem ähnlichen Haus und zahlte dreieinhalb Dollar, und ich fand das ein gutes Geschäft. Aber das waren die Tage vor dem Krieg, als Amerika das billigste Land der Welt war und der Westen unglaublich billig.

Nach einem Tag einsamer Pracht an diesem Ort der Mode und Fröhlichkeit kehrte ich nach New York zurück und nahm auf meinem Heimweg das Boot nach Albany. Ich bemerkte, dass ich nicht mehr das lebhafte Interesse an der Natur und der menschlichen Natur hatte, das ich zu Beginn meiner Reise empfunden hatte, und ich sagte mir, dass dies daran lag, dass mein Geist so voll von Erfahrungen und Eindrücken war, dass er nicht mehr aufnehmen konnte; und ich nehme wirklich an, dass ich, wenn mir in manchen Momenten die glücklichste Formulierung eingefallen wäre, kaum nach einer

Landschaft oder einer Figur gesucht hätte, die dazu passte. Ich war sehr froh, in meine liebe kleine Stadt im Westen zurückzukehren (ich fand sie brodelnd in einer Augustsonne, die heiß genug war, um das Kalksteingebäude des State House zu verkalken) und zu all den Freunden, die ich so lieb hatte.

<h1 style="text-align:center">IV.</h1>

Ich tat, was ich konnte, um mich ihrer unwürdig zu erweisen, indem ich ihre Einladungen ablehnte und mich im darauffolgenden Winter ganz der Literatur widmete. Meinen Fehler erkannte ich erst, als die Einladungen ausblieben und ich mich in einer ununterbrochenen intellektuellen Einsamkeit befand. Das Schlimmste war, dass eine undankbare Muse mir für die Opfer, die ich ihr brachte, wenig zurückgab, und die Dinge, die ich jetzt schrieb, gefielen den Redakteuren nicht, an die ich sie schickte. Der redaktionelle Geschmack ist nicht immer der Maßstab für Qualität, aber er ist der einzige, den wir haben, und ich sage nicht, dass die Redakteure in meinem Fall Unrecht hatten. Es gab damals nur sehr wenige Orte, an denen man seine Arbeit vermarkten konnte: The Atlantic in Boston und Harper's in New York waren die Zeitschriften, die zahlten, obwohl die Zeitung Independent literarisches Material kaufte; die Saturday Press druckte es, ohne es zu kaufen, und das gleiche tat das alte Knickerbocker Magazine, obwohl in beiden Fällen finanzieller Goodwill im Spiel war. In jenem Winter arbeitete ich viel an einer Geschichte, an der ich schon lange schrieb, und schickte sie schließlich an den Atlantic, der im Jahr zuvor fünf Gedichte von mir veröffentlicht hatte. Nach einigen Wochen, vielleicht auch Monaten, bekam ich sie mit einer Anmerkung zurück, dass die Herausgeber die Rücksendung weniger bedauerten, da sie gesehen hatten, dass das erste Kapitel der Geschichte in der Mai-Ausgabe des Knickerbocker erschienen war. Dann erinnerte ich mich, dass ich dieses Kapitel Jahre zuvor als Skizze zum eigenständigen Druck an diese Zeitschrift geschickt und die Geschichte später daraus fortgesetzt hatte. Ich hatte nie gehört, dass es angenommen worden war, und nahm natürlich an, dass es abgelehnt worden war; aber bei meinem zweiten Besuch in New York besuchte ich das Büro des Knickerbocker, und ein neuer Herausgeber – einer von denen, die das Magazin in den Tagen seines Niedergangs immer hatte – erzählte mir, dass er meine Skizze gefunden hatte, als er in einem Fass mit Manuskripten seiner Vorgänger herumstöberte, sie ihm gefiel und er sie druckte. Er sagte, ich würde für diese Skizze fünfzehn Dollar bekommen, und ob er mir das Geld schicken könne? Ich sagte, er könne es tun, obwohl ich bis heute nicht verstehe, warum er es mir nicht sofort gab. Er machte ein ganz kleines Protokoll auf einem sehr großen Blatt Papier (wirklich wie Dick Swiveller) und versprach, ich würde es noch am selben Abend bekommen. Am nächsten Tag segelte ich jedoch ohne das Papier nach Liverpool. Ich segelte ohne das Geld für einige Verse, die Vanity Fair von mir gekauft hatte, aber das hatte ich auch kaum erwartet, denn der Herausgeber, damals Artemus Ward, hatte mir bei der Aufnahme meiner Adresse offen gesagt, dass es bei Vanity Fair im Moment nur wenige Dukaten gäbe. Ich war damals auf dem Weg zum Konsul in Venedig, wo ich die nächsten vier Jahre damit verbrachte, nach konföderierten Freibeutern Ausschau zu halten, die keiner von ihnen je überraschte. Ich hatte nach dem Konsulat in München gefragt, wo ich hoffte, mich noch länger in deutscher Poesie zu vertiefen, aber als meine Ernennung kam, stellte ich fest, dass sie nach Rom ging. Ich war sehr froh, Rom zu bekommen. Aber die Einnahmen des Amtes bestanden aus Gebühren, und ich dachte, ich sollte besser nach Washington weiterfahren und herausfinden, wie hoch die Gebühren waren. Leute in Columbus, die im Ausland gewesen waren, sagten, dass man in Rom mit fünfhundert Dollar wie ein Prinz leben könne, aber das bezweifelte ich; und als ich im Außenministerium erfuhr, dass die Gebühren des römischen Konsulats nur dreihundert Dollar betrugen, wurde mir klar, dass ich wahrscheinlich nicht besser leben konnte als ein Baron, und ich verzweifelte. Der freundliche Chef des Konsularbüros sagte, dass die Sekretäre des Präsidenten, Mr. John Nicolay und Mr. John Hay, an meiner Ernennung interessiert seien, und er riet mir, ins Weiße Haus zu gehen und sie aufzusuchen. Ich verlor keine Zeit, das zu tun, und erfuhr, dass sie als junge Männer aus dem Westen an mir interessiert waren, weil ich ein junger Mann aus dem Westen war, der etwas in der Literatur geleistet hatte, und sie waren bereit, mir aus diesem Grund zu helfen, und aus keinem anderen, soviel ich wusste. Sie schlugen vor, dass ich nach Venedig gehen sollte; das Gehalt betrug damals siebenhundertfünfzig, aber sie dachten, sie könnten es auf tausend erhöhen. Schließlich erreichten sie eine Erhöhung auf fünfzehnhundert, und so ging ich nach Venedig. Von diesem Einkommen konnte ich zwar nicht wie ein Fürst leben, aber immerhin lebte ich dort weitaus fürstlicher, als ich es in Rom mit einem Fünftel davon gekonnt hätte.

Auch wenn die Ernennung kein unmittelbares Glück war, so war sie doch der Beginn des größten Glücks, das ich jemals auf der Welt hatte, und ich bin froh, dies alles jenen Freunden meiner Verse zu verdanken, die sonst keine Freunde von mir hätten sein können. Sie standen damals am Anfang ihrer herausragenden Laufbahnen, die nicht völlig getrennt voneinander verlaufen sind. Mr. Nicolay könnte etwa fünfundzwanzig gewesen sein und Mr. Hay neunzehn oder zwanzig. Niemand träumte damals von den Möglichkeiten, die sich ihnen boten, indem sie dem Mann, dessen Leben sie geschrieben und mit dessen Ruhm sie untrennbar verbunden haben , so ständig nahe waren . Ich erinnere mich an die nüchterne Würde des einen und die humorvolle Fröhlichkeit des anderen und wie einige junge Männer im Vorzimmer, wo sie mich empfingen, miteinander scherzten und lachten, während die große Seele hinter der geschlossenen Tür ihre Arbeit begann. Sie fragten mich, ob ich den Präsidenten je gesehen hätte, und ich sagte, ich hätte ihn im Jahr zuvor in Columbus gesehen; aber ich konnte nicht sagen, wie gern ich ihn wiedersehen und ihm für die Gunst danken würde, auf die ich keinen Anspruch von ihm hatte, außer der, die mir die kurze Kampagnenbiographie, die ich geschrieben hatte, erwiesen haben könnte. An diesem oder jenem Tag, als ich meine Freunde verließ, traf ich ihn draußen im Korridor, und er betrachtete den Raum, in dem ich mich befand, mit seinen unbeschreiblich melancholischen Augen, ohne zu wissen, dass ich die ununterscheidbare Person war, in deren „Integrität und Fähigkeiten er so großes Vertrauen gesetzt hatte", dass er ihn zum Konsul für Venedig und die Häfen des Lombardo-Venezianischen Königreichs ernannt hatte, obwohl er die Bedingungen meines Auftrags vielleicht erkannt hätte, wenn ich ihn daran erinnert hätte. Ich zögerte einen Moment in meinem Verlangen, ihn anzusprechen, und dann entschied ich, dass jeder , der es unterließ, unnötig mit ihm zu sprechen oder ihm die Hand zu schütteln, ihm einen Gefallen tat; und ich wünschte, ich könnte mir der Weisheit meines gesamten vergangenen Verhaltens so sicher sein wie dieses Mal. Er ging zum Wasserspender in der Ecke, schöpfte sich einen vollen Becher, schüttete ihn mit nach hinten geneigtem Kopf in sich hinein und ging dann müde ins Haus. Die ganze Angelegenheit, so einfach, ist mir immer von einem gewissen Pathos in Erinnerung geblieben, und ich hätte Lincoln lieber in diesem unbewussten Moment gesehen als bei einem stattlicheren Anlass.

V.

Ich ging nach Hause nach Ohio und schickte die Anleihe, die ich beim Finanzministerium einreichen sollte, weiter. Sie wurde dort jedoch verlegt, und um einem erneuten Vorfall dieser Art vorzubeugen, brachte ich das Duplikat selbst mit. Bei meinem zweiten Besuch traf ich im Haus meines Freundes Piatt den großzügigen jungen Iren William D. O'Connor und hörte seine leidenschaftlichen Reden. Er war einer der vielversprechendsten Männer jener Zeit und hatte einen Roman gegen die Sklaverei im heroischen Ton Victor Hugos geschrieben, der mir sehr gefiel. Und ich glaube, er schrieb auch Gedichte. Außerhalb der Saturday Press war er noch nicht zum wichtigsten Verfechter von Walt Whitman aufgestiegen, aber er hatte bereits die Theorie von Bacons Urheberschaft an Shakespeare vertreten, die damals gerade von der armen Dame mit Bacons Namen ausgenutzt wurde, die dieser Theorie treu in einer Irrenanstalt starb. Er sprach von dem berühmten Dramatiker als „dem fetten Bauern von Stratford", und auch sonst war er in einer Redekunst so bildhaft, dass es tröstete, wenn auch nicht überzeugte. Der große Krieg war damals mitten in der Stille unserer literarischen Gespräche, und wenn sein schrecklicher Atem durch die Stille unserer literarischen Gespräche zu hören war und sein Schatten auf den Herd fiel, wo wir uns um die ersten Feuer des Herbstes versammelten, hob O'Connor mit einem wunderbaren prophetischen Effekt seinen schönen Kopf und sagte: „Freunde, ich spüre ein Gefühl des Sieges in der Luft." Er hatte nicht Unrecht; nur war der Sieg für den anderen Adjutanten.

Wer außer O'Connor an diesen traurigen Symposien teilnahm, kann ich jetzt nicht sagen; aber wahrscheinlich waren es andere junge Journalisten und Amtsträger, die Schriftsteller werden wollten und inzwischen mehr oder weniger ausgestorben sind. Ich bin mir nur des jungen Bostoner Verlegers sicher, der eine sehr schöne Ausgabe von „Leaves of Grass" herausbrachte und dann sofort, wenn nicht gar konsequent, scheiterte. Aber ich hatte bereits bei meinem ersten Aufenthalt in der Hauptstadt einen jungen Journalisten kennengelernt, der der Poesie Geiseln gegeben hatte, und den ich sehr gern wiedersah und den ich mit Stolz kannte. Mr. Stedman und ich sprachen neulich über dieses Treffen, und ich kann mir sicherer sein, als ich es ohne seine Erinnerung gewesen wäre, dass ich ihn im Haus eines Freundes traf, wo er sich wegen einer leichten Krankheit auskurierte, und dass ich an seinem Bett saß, während unsere Seelen gemeinsam in die freudigen Sphären der Hoffnung und des Lobes aufbrachen. In ihm fand ich die Qualität Bostons, die Ehre und Leidenschaft der Literatur und nicht nur eine bloße Pose des literarischen Lebens; und die Welt weiß auch ohne mein Erzählen, wie treu er seinem Ideal davon geblieben ist. Seine irdische Mission bestand damals darin, Briefe aus Washington für die New York World zu schreiben, die als gute junge Abendzeitung mit einem entschieden religiösen Ton begann, so dass die Saturday Press sie die „Nachtblühende Seriöse" nennen konnte. Ich glaube, Mr. Stedman schrieb zeitweise für die Redaktionsseite, und seine Beziehung zu ihr als Washingtoner Korrespondent hatte eine Autorität, die dieser Funktion in diesen Tagen perfektionierter Telegrafie fehlt. Er hatte noch nicht jenen Sitz an der Börse erreicht, dessen Besitz seinen Wechsel ins Geschäft gerechtfertigt und ihm geholfen hat, in der Literatur etwas Einzigartigeres zu bedeuten als viele andere, die sich ausschließlich ihr verschrieben haben. Ich sprach manchmal in gewissen mittleren Jahren mit einem anderen eifrigen jungen Autor darüber, als wir uns in redaktionellen Angelegenheiten rieben, und wir waren immer der Meinung, dass Stedman das Beste daran hatte, da er seinen Lebensunterhalt mit einer Art verdienen konnte, die der Literatur so fremd war, dass er sich ihr unermüdlich und mit einem durch verwandte Geschmäcker unverdorbenen Eifer nähern konnte. Aber kein Mensch gestaltet sein eigenes Leben, und ich wage zu behaupten, dass Stedman uns von seinem hohen Platz an der Börse aus die ganze Zeit um unsere Dreibeine beneidet haben könnte. Sicher ist, dass er für die Literatur steht und New York darin verkörpert wie kein anderer. In einer Gemeinschaft, die anscheinend nie eine bewusste Beziehung zur Literatur hatte, hat er den Glauben mit Würde bewahrt und den Kampf mit unermüdlichem Mut geführt. Gelehrter und Dichter zugleich, hat er zu seiner Generation mit einer Autorität gesprochen, die wir nur in dem Charme vergessen können, der uns alles andere vergessen lässt.

Aber sein Ruhm war noch vor ihm, als wir uns trafen, und ich konnte ihm eine Bewunderung für Arbeiten vermitteln, die noch nicht so vielen bekannt waren; aber jeder Bewunderer war willkommen. Wir sprachen über das, was wir getan hatten, und jeder sagte, wie sehr ihm bestimmte Dinge des anderen gefielen; ich nutzte sogar seine Hilflosigkeit, um ihm ein Gedicht von mir vorzulesen, das ich in der Tasche hatte; er riet mir, wo ich es hinlegen sollte; und wenn der Leser es nicht für einen unfairen Exkurs hält, werde ich hier erzählen , was aus diesem Gedicht wurde, denn ich finde sein unterschiedliches Schicksal amüsant, und ich hoffe, dass meine eigenen Leiden und mein endgültiger Triumph damit dem jungen literarischen Unternehmungsgeist nicht ohne Ermutigung sein werden . Es war ein Gedicht mit dem Titel „Forlorn", ohne prophetischen Sinn für Eignung, und ich versuchte es zuerst bei der „Atlantic Monthly", die es nicht haben wollte. Dann bot ich es einem ehemaligen Herausgeber der „Harper's Monthly" persönlich an, aber er konnte seinen Vorteil darin nicht erkennen, und ich nahm es mit nach Übersee nach Venedig. Von da an schickte ich es so regelmäßig, wie die Post es hin und zurück bringen konnte, an alle englischen Zeitschriften. Auf meinem Heimweg, vier Jahre später, nahm ich es mit nach London, wo ein Freund, der Lewes kannte, der damals gerade mit der „Fortnightly Review" begann, es ihm für mich schickte. Es wurde umgehend zurückgeschickt, mit einem Brief, der sich hinsichtlich seiner Qualität ganz zurückhaltend äußerte, aber voller poetischer Dankbarkeit für meinen Wunsch, für die „Fortnightly" zu schreiben. Dann hörte ich, dass ein gewisser Mr. Lucas im Begriff war, eine Zeitschrift zu gründen, und ich bot ihm das Gedicht an. Der freundlichste Annahmebrief folgte mir nach Amerika, und ich rechnete wie üblich mit Ruhm und Reichtum, als die Nachricht von Mr. Lucas' Tod kam. Ich will die Wirkung meines Gedichts nicht schlecht scherzen, aber die Tatsache bleibt bestehen. Zu dieser Zeit war ich Autor in der Redaktion der Zeitung „Nation", und nachdem ich diesen Ort verließ, um Mr. Fields' Assistent für den Atlantik zu werden, schickte ich mein Gedicht an die Nation, wo es schließlich gedruckt wurde. In dem bescheidenen Maße, in dem meine Verse gefallen haben, haben sie doch eine eher ungewöhnliche Anklang gefunden, und ich brauche nicht zu sagen, dass ihre Unglücksfälle sie ihrem Autor sympathisch gemacht haben.

Aber all das ist ziemlich weit her von meiner ersten Begegnung mit Stedman in Washington. Natürlich mochte ich ihn, und ich fand ihn sehr gutaussehend und fein, mit einem Vollbart, der so geschnitten war, wie er ihn immer trug, und mit Dichteraugen, die ein Adlerprofil erhellten. Später, als ich ihn zu Fuß sah, fand ich ihn in weltlicher Pracht gekleidet und beneidete ihn, so sehr ich ihn um irgendetwas beneiden konnte, den New Yorker Schneider, dessen

Kunst ihn gekleidet hatte: Ich hatte auch einen New Yorker Schneider, aber mit einem Unterschied. Er hatte eine weltliche Ader zusammen mit seinen überirdischen Gaben, die mich fast genauso fesselten, und umso mehr, als ich sehen konnte, dass er sich selbst nichts dafür wertschätzte. Er war ganz für die Literatur und dafür, dass Literaten jedem überlegen waren. Ich muss ihm mein Herz sehr geöffnet haben, denn als ich ihm erzählte, dass die Zeitung, für die ich aus Kanada und Neuengland geschrieben hatte, aufgehört hatte, meine Briefe zu drucken, sagte er: „Stellen Sie sich einen Mann vor, der über einen Mann wie Sie zu Gericht sitzt!" Ich dachte daran und fühlte mich, wenn auch nicht getröstet, so doch gerächt; und jedenfalls gefiel es mir, wie Stedman sich so steif für die Ehre eines Handwerks einsetzte, dem manche seiner Anhänger etwas zu lasch sind.

Ich nehme an, er war es, der mich den Stoddards vorstellte , die ich kurz vor meiner Abreise in New York kennenlernte und die damals im Glanz ihres frühen Ruhms als Dichter standen. Sie wussten von meinen bescheidenen Anfängen und waren sehr, sehr gut zu mir. Stoddard ging mit mir zum Franklin Square und gab dort dem wirkungslosen Angebot meines Gedichts seine Zustimmung durch seine Anwesenheit. Aber was ich am meisten genoss, waren die langen Gespräche, die ich mit ihnen über das Autorentum in all seinen Phasen führte, und der Austausch von Freude über dieses und jenes Gedicht, diesen und jenen Roman, mit lustigen, eigenwilligen Ausrutschern, um einen völlig irrelevanten Witz zu machen oder Wortspiele ohne jeden Sinn in die Luft zu schießen. Stoddard war damals berühmt, mit der Süße persönlicher Zuneigung darin, durch die Lyrik und die Oden, die ihn vielleicht am besten bekannt machen werden, und Mrs. Stoddard begann, ihre ausgeprägte und besondere Qualität in den Zeitschriften, in Versen und Romanen spürbar zu machen. In beiden scheint es mir, dass sie nicht die Anerkennung gefunden hat, die ihr Werk verdient. Ihre Erzählungen und Romane haben einen Vorgeschmack auf Realismus, der für den Geschmack ihrer Zeit zu fremd war und heute vielleicht zu vertraut ist. Es ist ein eigenartiges Schicksal und würde den Rahmen für eine hübsche Studie der Literaturgeschichte bilden. Aber was auch immer sie tat, sie hinterließ den Stempel eines Talents wie kein anderer und einer Persönlichkeit, die das literarische Umfeld verachtete. In einer Zeit, in der die meisten von uns wie Tennyson, Longfellow oder Browning schreiben mussten, würde sie nie wie jemand anderes schreiben als sie selbst.

Ich erinnere mich noch gut an die Unterkunft an einer Ecke der Fourth Avenue und einer Straße im Stadtzentrum, wo ich diese gewinnenden und begabten Leute besuchte und die Freude an ihren schlüpfrigen Reden und die Gastfreundschaft ihrer Güte gegenüber der gesamten Literatur genoss, die mich ganz gewiss nicht ausschloss. Wir saßen in der Kälte der letzten Oktobertage vor ihrem Kamin, und sie stachelten sich gegenseitig zu einem

wilden Witz nach dem anderen an, und wieder badete ich meinen entzückten
Geist in der Atmosphäre eines Reiches, in dem zumindest für diese Zeit kein

> „———Gerüchte über Unterdrückung oder
> Niederlage, über erfolglosen oder erfolgreichen
> Krieg",

durchdringen konnte. Ich mochte die Stoddards, weil sie offen gesagt nicht
aus jener Boheme stammten, die ich so sehr verabscheute und die ich für
hoffnungslos und stichhaltig hielt; und weil ich ihre Poesie mochte und sie
darin wiederfand. Mir gefiel die absolut literarische Lebensführung. Er hatte
damals und noch lange danach eine Stelle im Zollhaus, aber er gehörte nicht
mehr dazu, als Lamb von India House. Er gehörte zu jener besseren Welt, in
der es nichts anderes zu interessieren gibt als Briefe, und die für mich so sehr
dem Himmel glich, wie ich es mir nur vorstellen konnte.

Die Begegnungen mit den Stoddards wiederholten sich, als ich Anfang
November von New York zurückkam, um abzureisen. In meiner Erinnerung
vermischt sich mit der herzlichen Freude über sie ein Gefühl der Kälte und
Nässe draußen und des Elends, in diesen berüchtigten Straßen New Yorks
zu leben, die damals noch lange danach die schäbigsten der Welt waren. Am
letzten Abend, als ich meine Freunde sah, erzählten sie mir von der Tragödie,
die sich gerade im Lager im City Hall Park ereignet hatte. Fitz James O'Brien,
der brillante junge Ire, der uns mit seiner Geschichte von „The Diamond
Lens" geblendet und uns mit seiner genialen Geschichte von einem Geist –
„What was It" – ein Geist, den man fühlen und hören, aber nicht sehen
konnte – das Blut in den Adern gefrieren ließ, war für den Krieg eingezogen
worden und hatte es in den ersten Tagen des Krieges schnell zum Offizier
gebracht. In diesem Lager hatte er gerade einen Mann wegen eines Verstoßes
gegen die Disziplin erschossen, und es war ungewiss, wie das Ende aussehen
würde. Er wurde jedoch freigesprochen und es ist bekannt, dass er später an
Wundstarrkrampf infolge einer Verletzung starb, die er sich im Kampf
zugezogen hatte.

VI.

Vor diesem letzten Besuch in New York gab es einen zweiten Besuch in
Boston, auf den ich nicht näher eingehen muss, da er hauptsächlich eine
Wiederbelebung der Eindrücke des ersten war. Wieder sah ich die Fieldses in
ihrem Haus, wieder den Autokraten in seinem und Lowell nun unter seinem
eigenen Dach, neben dem Kaminfeuer im Arbeitszimmer, wo ich in den
kommenden Jahren so oft mit ihm sitzen sollte. Beim Abendessen (das wir
um zwei Uhr einnahmen) drehte sich das Gespräch um meine Verabredung,
und er sagte über mich zu seiner Frau: „Stell dir vor, er hätte Stillmans Platz
bekommen! Wir sollten Gift in seinen Wein tun", und er erzählte mir von
dem Wunsch des Malers, nach Venedig zu gehen und dort Ruskins Werk in

einem eigenen Buch weiterzuverfolgen. Aber er ließ mich keine großen Schuldgefühle haben, und ich will nicht so tun, als hätte ich mein Glück persönlich bereut.

Der Platz wurde mir vielleicht gegeben, weil ich nicht annähernd so viele andere Gaben hatte wie der, der ihn verlor und der zugleich Künstler, Kritiker, Journalist, Reisender und in herausragender Weise beides war. Ich traf ihn später in Rom wieder, das ihm die Mächte anstelle von Venedig verliehen, und er vergab mir, obwohl ich nicht weiß, ob er den Mächten vergab. Wir wanderten weit und lange durch die Campagna, und ich spürte den Charme eines höchst ungewöhnlichen Geistes in Gesprächen, die am reichhaltigsten und umfassendsten in Gegenwart der wilden Natur zum Ausdruck kamen, die er liebte und so viel besser kannte als die meisten anderen Menschen. Ich glaube, dass das Buch, das er über Venedig geschrieben hätte, für immer zu bedauern ist, und ich tröste mich überhaupt nicht über den Verlust dieses Buches mit dem Buch, das ich selbst geschrieben habe.

An diesem Tag sprachen sie an Lowells Tisch darüber, was für einen Winter ich in Venedig vorfinden würde, und er neigte zu der Annahme, dass ich dort ein Feuer brauchen würde. Auf dem Kamin in seinem Arbeitszimmer brannte ein sehr lebhaftes Feuer, als wir zurückkamen, und hielt die Kälte eines kalten Oststurms ab. Wir schauten durch eines der Fenster in den Regen, und er sagte, er könne sich erinnern, als Kind bei einem solchen Sturm aus diesem Fenster gestanden und geschaut zu haben; denn er wurde in diesem Haus geboren, und sein Leben war immer wieder dorthin zurückgekehrt. Schließlich starb er darin.

Regen nachließ, ging er mit mir hinunter ins Dorf, wie er den dichter besiedelten Teil der Stadt um den Harvard Square immer nannte, und sah mich in einer Pferdekutsche nach Boston. Bevor wir uns trennten , gab er mir zwei Aufgaben: den Mund aufzumachen, wenn ich anfange, Italienisch zu sprechen, und gut über Frauen zu denken. Er sagte, unsere Rasse spreche ihre eigene Sprache mit geschlossenen Zähnen und lerne deshalb die Sprachen nicht, die freier ausgesprochen werden müssten. Was Frauen betraf, sagte er, es gebe unwürdige, aber eine gute Frau sei das Beste auf der Welt, und ein Mann sei immer besser dran, wenn er Frauen ehre.